Inhalt

7 Vorwort von Gerhard A. Ritter
9 Vorwort der Autorinnen
11 Einführung in die Geschichte Münchens unterm Hakenkreuz

21 Der Ausbau zur »Hauptstadt der Bewegung«
51 Die Partei organisiert den Alltag
85 Die Politisierung des Privatraums: Wohnen und Familie
103 Propaganda und Terror: Die »Große Politik« in München
145 Von der Erwerbslosigkeit zur Kriegswirtschaft
183 »Auch die Lustigkeit muß organisiert werden«: Feste, Freizeit und Sport
211 Kirchliches und kulturelles Leben
239 Das Ende der »Hauptstadt der Bewegung«

253 Literatur und Bildnachweis

Angermair · Haerendel

Inszenierter Alltag

Elisabeth Angermair · Ulrike Haerendel

Inszenierter Alltag

»Volksgemeinschaft« im nationalsozialistischen München
1933–1945

Hugendubel

Abbildung auf der Umschlagvorderseite: Kleiner Junge in Parteiuniform am Straßenrand anläßlich des Vorbeimarsches von SA und SS an Hitler in der Widenmayerstraße zum NSDAP-Gauparteitag, 3. Juli 1932. (Foto: Huhle)

Abbildung auf der Umschlagrückseite: Vorbereitungen für die Feiern zum 9. November 1938: Das Mahnmal an der Feldherrnhalle wird geputzt. (Foto: Nortz)

Die Deutsche Bibliothek – CIP-Einheitsaufnahme
Angermair, Elisabeth:
Inszenierter Alltag : »Volksgemeinschaft« im nationalsozialistischen München 1933–1945 / Elisabeth Angermair ; Ulrike Haerendel.
– München : Hugendubel, 1993
(Stadt im Bild)
ISBN 3-88034-658-5
NE: Haerendel, Ulrike

Umschlaggestaltung: Zembsch' Werkstatt, München
Produktion: Tillmann Roeder, München
Reproduktion: Fotolito Longo, Frangart
Satz: Uhl + Massopust, Aalen
Druck und Bindung: Bosch-Druck, Landshut
Printed in Germany

ISBN 3-88034-658-5

Vorwort

von Gerhard A. Ritter

Der vorliegende Band thematisiert vor allem anhand zeitgenössischer Aufnahmen vielfältige Aspekte des alltäglichen Lebens in München im »Dritten Reich«. Erst relativ spät wurden die Auswirkungen der nationalsozialistischen Herrschaft auf die deutsche Gesellschaft auch zu einem Gegenstand geschichtswissenschaftlicher Untersuchungen. Zunächst hat sich die Forschung vor allem auf die Machtergreifung und Machtbefestigung der Nationalsozialisten 1933/34, die völkisch-rassistische NS-Ideologie und die Struktur des nationalsozialistischen Staates konzentriert. Daneben wurden die NS-Judenpolitik und das Terror- und Vernichtungssystem, der Widerstand gegen den Nationalsozialismus, die Entfesselung des Zweiten Weltkriegs und die Versuche zur Unterwerfung und Ausbeutung weiter Teile Europas für die Kriegführung Deutschlands untersucht.

Jede Beschäftigung mit der Sozialgeschichte des »Dritten Reiches« hätte in der unmittelbaren Nachkriegszeit als eine Flucht vor der politisch-moralischen Verantwortung und der notwendigen Auseinandersetzung mit den im deutschen Namen begangenen Verbrechen mißverstanden werden können. Auch heute mögen angesichts des permanenten Leidensdrucks, unter dem die Verfolgten des NS-Regimes standen, Zweifel bestehen, ob eine Beschäftigung mit dem Alltag der »Volksgenossen« nicht trivial oder sogar verharmlosend sei.

Nicht um Apologie aber sollte es bei der Alltagsgeschichte gehen, sondern um mehr historische Einsicht in die Lebenswirklichkeit unter dem Hakenkreuz. Martin Broszat hat in seinem Plädoyer für die »Historisierung des Nationalsozialismus« geäußert, daß »geschichtliches Verstehen schließlich auch vor der NS-Zeit nicht haltmachen kann, so sehr die Massenverbrechen und Katastrophen, die das Regime anrichtete, zu entschiedener politisch-moralischer Verurteilung immer wieder herausfordern« (Broszat, Historisierung, S. 2). Um zu weiteren Erkenntnissen zu gelangen, muß die NS-Zeit mit den Methoden der Geschichtswissenschaft in all ihren Facetten untersucht werden. Auch Alltagsgeschichte kann in diesem Sinn zur Aufarbeitung der Vergangenheit beitragen. Insbesondere am lokalen Beispiel wird das ganze Spektrum des gesellschaftlichen Lebens unter dem Nationalsozialismus sichtbar, das zwischen freiwilliger oder erzwungener Gleichschaltung und Behauptung der eigenen Lebenswelt und ihrer Traditionen, zwischen begeisterter Zustimmung, opportunistischer Anpassung, oft nur partieller Verweigerung und Nonkonformität und einem moralisch-politisch begründeten Widerstand viele Schattierungen annehmen konnte. Das gilt gerade auch für die Stadt München, der als »Hauptstadt der Bewegung« die Aufmerksamkeit der nationalsozialistischen Machthaber über das normale Maß hinaus galt.

Teile des hier vorgestellten Bildmaterials könnten unkritisch betrachtet den Eindruck erwecken, als habe der Nationalsozialismus ein funktionierendes Zusammenleben, eine Art nationaler Gemeinschaft geschaffen. Dem muß entgegengehalten werden, daß diese Fotos nicht unter den Bedingungen einer freien Presse entstanden sind und deshalb nur zeigen, was im Interesse des Regimes lag oder zumindest von ihm geduldet wurde. Die vielen Schattenseiten des NS-Regimes für die Bevölkerung, vor allem auch die Lebensumstände all derjenigen, die nicht in das Bild der »Volksgemeinschaft« paßten, werden durch die Überlieferung nur ganz unvollständig repräsentiert. Wenn die Autorinnen sich entschieden haben, den Band dennoch überwiegend mit dem Material der offiziellen Bildberichterstattung zu bestreiten, so deshalb, weil diese Bilder in einzigartiger Weise das ganze Spektrum des alltäglichen Lebens im Nationalsozialismus, von der Arbeitswelt über den Alltag auf der Straße bis zu den Aktivitäten der NS-Organisationen, erfassen. Im Bewußtsein der Probleme des Quellenmaterials wurden die Fotos sorgfältig dokumentiert, in Texten kommentiert und, soweit wie möglich, mit den wenigen Aufnahmen zur Schreckensherrschaft des Regimes konfrontiert. Es ging nicht darum, das geschönte Bild einer idyllischen Alltagswelt herzustellen, sondern die Lebensbedingungen unterm Hakenkreuz in möglichst vielen Teilaspekten einzufangen und anschaulich zu machen. Daß die Bilder vielfach Zustimmung, sogar Begeisterung für die nationalsozialistische Politik zeigen, entspricht der Erkenntnis der Geschichtswissenschaft, daß die nationalsozialistische Herrschaft nicht nur durch Gewalt und Terror, sondern auch – zumindest bis 1942/43 – durch »Verführung« breiter Teile der Bevölkerung getragen wurde.

Ein Pressefotograf bei der Arbeit während der Feiern zum 9. November 1933.
(Foto: Nortz)

Vorwort

der Autorinnen

Jede Alltagsgeschichte der nationalsozialistischen Zeit steht vor dem Problem, eine angemessene Auswahl der Themen zu finden, die unter dem großen und wissenschaftlich kaum zu definierenden Begriff des Alltags angesprochen werden können und müssen. Gehören zum Alltag nur gewohnte, täglich wiederkehrende Erscheinungen wie Mutter und Kind beim Spaziergang im Park, während Hitlers Rede zur Eröffnung des Hauses der Deutschen Kunst als Außeralltägliches ausgespart werden muß? Ist eine Straßenverbreiterung, da sie den tagtäglichen Verkehrsfluß in der Stadt erleichterte, ein Thema für eine Alltagsgeschichte, oder ist sie es nicht, weil die Nationalsozialisten vor allem Repräsentationsabsichten damit verbanden? Gehört der Blockwart, der in der Nachbarschaft, im täglichen Zusammenleben präsent war, zum Alltag, hingegen der Gauleiter als hoher politischer Funktionär, für die Allgemeinheit nur bei besonderen Ereignissen erlebbar, nicht? Die Beispiele und die mit ihnen verbundenen Abgrenzungsschwierigkeiten ließen sich mehren.

Angesichts der hochgradigen Politisierung und Ideologisierung des gesamten öffentlichen Lebens, aber auch des betrieblichen Alltags und sogar des privaten Raums im totalitären System des Nationalsozialismus haben wir uns für eine Auffassung von Alltagsgeschichte entschieden, die auf die »Interdependenz von Gesellschaft und Politik« (Broszat, Alltagsgeschichte, S. 17) zielt. Gerade das lokale Beispiel eignet sich, um die vielfältigen Bindungen zwischen der nationalsozialistischen Führung und den verschiedenen Gruppen der Gesellschaft, die fast alle in München repräsentiert sind, vorzuführen. So gehörte in der NS-Zeit zum scheinbar rein privaten Eheglück eben auch das staatliche Ehestandsdarlehen, und seit 1936 bekam jedes Münchner Brautpaar Adolf Hitlers Buch »Mein Kampf« zur standesamtlichen Trauung überreicht. Im Arbeitsleben waren in der Kriegszeit Tausende von Zwangsarbeitern präsent, die lebendiges Zeugnis davon ablegten, wie die Nationalsozialisten mit den ihnen ausgelieferten Nationen umgingen. Im Alltag der Konsumenten gab es nicht nur die Sorgen um den Fleischpreis, sondern auch die Boykott-Aktionen gegen jüdische Geschäfte. Und zum Alltag gehörten schließlich auch die vielen von der Führung inszenierten Feiern von der Fahnenweihe bis zum Tag der Deutschen Kunst, für die die Massen immer wieder die Kulissen bildeten.

Zu zeigen ist auf der einen Seite, wie die Partei den Alltag in München zu bestimmen versuchte, wie sie ihn organisierte und mit welchen Instrumenten sie ihn regierte; zu zeigen ist auf der anderen Seite, wie die NS-Herrschaft in der Bevölkerung aufgenommen, wie sie durch massenhafte Zustimmung getragen wurde, gelegentlich aber auch auf Grenzen, auf wirksame Resistenzkräfte stieß. Die Stadtgesellschaft Münchens dieser Zeit bildet das ganze Spektrum der NS-Sozialisation vom »Pimpf« bis zum SA-Mann ab. Daneben gibt es einen großen Bereich traditionsgebundenen Münchner Volkslebens, den die Nationalsozialisten zwar zum Teil okkupieren konnten, der aber unverwechselbare lokale Züge behielt. Ein gutes Beispiel stellt hier der Münchner Fasching dar, der bei allem Engagement der Organisation »Kraft durch Freude« eine ortstypische »Gaudi« blieb. Und letztlich gab es neue nationalsozialistische Prägungen, die speziell auf München ausgerichtet wurden: die »Auszeichnung« als »Hauptstadt der Bewegung« etwa mit allen Begleiterscheinungen, die dazugehörten.

Zwei Einschränkungen müssen getroffen werden: Zum einen bleibt die engere politische Geschichte der »Hauptstadt der Bewegung« – vor allem ihre Rolle für den Aufstieg des Nationalsozialismus – größtenteils ausgespart (diesen Bereich wird ein großes Ausstellungsprojekt im Herbst 1993 in allen Facetten behandeln). Zum anderen ist auch die Kriegszeit in unserem Band weniger berücksichtigt, da andere Veröffentlichungen hier bereits eine Fülle an Material präsentieren (Bauer, Fliegeralarm; Richardi, Luftkrieg).

Wenn wir von »inszeniertem Alltag« sprechen, so meinen wir damit die Umsetzung des von der Partei propagierten Volksgemeinschaftsgedankens in München, also die Inszenierung eines scheinbar konfliktfreien und klassenlosen gesellschaftlichen Zusammenlebens in den verschiedenen NS-Organisationen, in den »Betriebsgemeinschaften« und bei den zahlreichen öffentlichen Anlässen. Diese sogenannte »Volksgemeinschaft« war auf der einen Seite eine Kunstfigur des Nationalsozialismus, denn es gelang niemals, alle sozialen und wirtschaftlichen Barrieren aufzuheben und die Gesellschaft im positiven Sinn in eine harmonische Gemeinschaft zu integrieren. Auf der anderen Seite kann die Wirkung der Volksgemeinschaftspropaganda nicht ignoriert werden. Tatsächlich erreichten die Nationalsozialisten eine »große horizontale Mobilisation« der Gesellschaft (Broszat, Alltagsgeschichte, S. 16). Ob im »Bund Deutscher Mädel« oder bei den zahlreichen Veranstaltungen für »alte Kämpfer«: die Einwirkungen der Partei und ihrer Satellitenorganisationen bestimmten das soziale Leben, damit blieb aber weniger Raum für das Private, und die Gleichschaltung der Gesellschaft im Sinn der NS-

Ideologie schritt auch voran. Diese Formierung der »Volksgemeinschaft« vollzog sich wesentlich nach negativen Kriterien – über die äußere Abgrenzung gegen alle, die nicht dazugehörten. »Nach ›außen‹ wollte sie alle jene diskriminieren und letztlich ›ausmerzen‹, die aus realen oder eingebildeten Gründen in der Volksgemeinschaft keinen Platz finden durften: die ›Fremdvölkischen‹, die ›unverbesserlichen‹ politischen Gegner, die ›Asozialen‹, die Juden« (Peukert, Volksgenossen, S. 247).

Der »inszenierte Alltag« zielt außerdem auf den besonderen Charakter der hier ausgewählten Fotos, die zum überwiegenden Teil von Münchner Pressefotografen aufgenommen wurden. Die Nationalsozialisten haben schon in der sogenannten Kampfzeit und in noch viel stärkerem Maß dann nach der Machtübernahme die Pressefotografie in den Dienst ihres Propagandasystems gestellt und gezwungen. Einen Anlaß dazu mag die frühe Freundschaft zwischen Hitler und dem sehr aktiven und erfolgreichen Münchner Fotografen Heinrich Hoffmann, dem späteren »Reichsbildberichterstatter der NSDAP«, gegeben haben. Letzterer verstand es so gut, die Aussage des scheinbar objektiven Mediums Fotografie in politischer Hinsicht zu manipulieren, daß er Hitler von der Nützlichkeit desselben überzeugen konnte.

Seit 1926 erschien neben dem »Völkischen Beobachter« der »Illustrierte Beobachter« im parteieigenen »Franz Eher Verlag« in München, womit die nationalsozialistische Bewegung über eine eigene Illustrierte verfügte. Hier konnte von Anfang an die wirkungsvolle Inszenierung der Reportagen erprobt werden, die einerseits durch die Auswahl »zuverlässiger« Fotografen, andererseits durch die inhaltliche Einschränkung der Thematik sichergestellt wurde. Nach der Machtergreifung verordnete das Reichspropagandaministerium, daß nur noch Mitglieder des von ihm kontrollierten Reichsverbandes der Bildberichterstatter als Pressefotografen bei öffentlichen Anlässen zugelassen waren. In München – wie im ganzen Reich – erhielten die Fotografen bald überaus zahlreiche Gelegenheiten, von den Nationalsozialisten inszenierte Veranstaltungen mit der Kamera einzufangen. Denn nicht nur Fotos von bedeutenden politischen und kulturellen Ereignissen – Hitlerkundgebungen, Staatsbesuchen, den Tagen der Deutschen Kunst etc. – sollten die Druckseiten der gleichgeschalteten Tageszeitungen auflockern. Jede Aktion einer Parteigliederung, einer NS-Organisation oder eines angepaßten Sport- oder Freizeitvereins sollte abgelichtet werden, um am Tag darauf in der Zeitung die angebliche Geschlossenheit der »Volksgemeinschaft« zu demonstrieren und den Außenstehenden ihre Isoliertheit zu veranschaulichen.

Aufnahmen einer scheinbar harmonischen »Volksgemeinschaft« können, mit dem Wissen um die unvergleichlich grausamen und brutalen Naziverbrechen, nur die Perfidie von Diktatur und Totalitarismus unterstreichen. Dennoch sind auch diese Fotos heute wertvolle Quellen, da sie – zwar einst zur propagandistischen Tagesinformation benutzt – sehr eindringlich dokumentieren, mit welchen Mitteln und mit welchem Aufwand die Nationalsozialisten die Menschen in ihre Organisationen lockten oder zwangen. Auf den Bildern werden die vielen Facetten des Systems sichtbar: der Parteigenosse, der sich aufmerksam um das alte Mütterchen bemüht; die Führerbüste im Wahllokal; der hohe politische Funktionär, der für Unterdrückungs- und Verfolgungsmaßnahmen mitverantwortlich zeichnet, am »Tag der Nationalen Solidarität« mit der Sammelbüchse für wohltätige Zwecke auf der Straße; aber auch die martialische Phalanx der SS-Männer, von der unverhohlene Drohung ausgeht. Die Fotos zeigen das Bestreben der Nationalsozialisten, alle Lebensbereiche zu erfassen und aus Individuen eine uniforme und lenkbare Masse zu schaffen.

Keineswegs alle Fotos sind dem nationalsozialistisch geprägten Gesellschaftsleben gewidmet, denn auch die Fluchtpunkte der Menschen im totalitären Staat, etwa der Besuch einer harmlosen Komödie im Theater oder im Kino, waren ungehindert reportagewürdig. Die Lebensbedingungen der aus der »Volksgemeinschaft« ausgegrenzten Gruppen – der Juden, der Sinti und Roma und anderer Volksgruppen sowie der Gegner des Nationalsozialismus vor allem aus den Arbeiterparteien – wurden dagegen nur in Ausnahmefällen und fragmentarisch in Fotos festgehalten; ebensowenig die Mißhandlungen durch SA, SS oder Gestapo, die jene zu erdulden hatten. Die vereinzelte Überlieferung solcher Aufnahmen ist, soweit sie 1933 entstanden sind, einer noch mangelhaften Organisation der Bildzensurabteilung innerhalb des Reichspropagandaministeriums zu verdanken und, soweit sie aus den späteren Jahren der nationalsozialistischen Herrschaft stammen, dem mutigen und entschlossenen Handeln einzelner, die solche Dokumente heimlich anfertigten und aufbewahrten.

Folgende Institutionen und Sammlungen haben Bildmaterial zur Verfügung gestellt: das Münchner Stadtarchiv, das Deutsche Theatermuseum, das Fotomuseum im Münchner Stadtmuseum, das Deutsche Museum, die Weiße-Rose-Stiftung, das Wirtschaftsarchiv der Industrie- und Handelskammer für München und Oberbayern, das Archiv der KZ-Gedenkstätte Dachau, das Archiv der Gedenkstätte Yad Vashem in Jerusalem, das Pater-Rupert-Mayer-Archiv der Michaelskirche, das Landeskirchliche Archiv Nürnberg, die Autobahndirektion Südbayern, der Bilderdienst des Süddeutschen Verlages, die Presseillustration H. R. Hoffmann sowie einige Firmenarchive. Die Autorinnen bedanken sich sehr herzlich bei den Mitarbeiterinnen und Mitarbeitern für die freundliche Unterstützung.

Einführung in die Geschichte Münchens unterm Hakenkreuz

Am 9. März 1933 triumphierte die nationalsozialistische Partei, deren Siegeszug seit der Ernennung Hitlers zum Reichskanzler am 30. Januar 1933 unaufhaltsam geworden war, auch in Bayern. Während Ministerpräsident Held in seinem Amtssitz am Promenadeplatz noch vergeblich versuchte, die Rechte der bayerischen Regierung gegen die Forderungen der Nationalsozialisten zu verteidigen, beherrschten die neuen Machthaber bereits die Straßen. Überall dröhnten die schweren Stiefelschritte der SA-Leute, das Horst-Wessel-Lied wurde angestimmt, und Heil-Rufe ertönten. Die braunen Kolonnen hatten allen Grund, sich siegesbewußt zu gebärden. Sie hatten die Macht im Reich erlangt, Preußen war in ihrer Hand, da würde auch die bayerische Bastion fallen. Jetzt konnten die Nationalsozialisten Revanche nehmen für den mißglückten Hitlerputsch von 1923, als sich ihnen hier in München die Ordnungskräfte erfolgreich entgegengestellt hatten.

In den Straßen der Stadt drängten sich an jenem Tag immer mehr Menschen zusammen, aufgeregt von den Gerüchten um die bevorstehende Machtergreifung der Nationalsozialisten im Freistaat. Gegen Abend holten zwei SS-Männer eine riesige Hakenkreuzfahne aus dem Zeitungsgebäude des »Völkischen Beobachters« in der Schellingstraße, schoben sich durch die zusammengelaufenen Massen auf dem Marienplatz und brachten das Symbol der Hitler-Bewegung auf den Rathausturm, um es dort zu entrollen. Bereits seit 6 Uhr abends kündete so die Fahne hoch über dem Marienplatz vom Sieg der NSDAP. Tatsächlich übernahm an diesem 9. März der Nationalsozialist und bekannte General Franz Ritter von Epp als Reichskommissar die Regierungsgewalt in Bayern. Er benannte auch sogleich seine Mitarbeiter: darunter den Stabschef der SA, Ernst Röhm, als Staatskommissar zur besonderen Verwendung, den Gauleiter von München-Oberbayern, Adolf Wagner, als Beauftragten für das Innenministerium und den Juristen Hans Frank, der im Zweiten Weltkrieg Generalgouverneur in Polen wurde und sich einen Ruf als Massenmörder erwarb, als Beauftragten für das Justizministerium.

Wahlplakat der NSDAP zur Reichstags- und Landtagswahl am 20. Mai 1928. Der als Freikorpsführer bei der Niederschlagung der Räterevolution in Bayern bekannt gewordene General Franz Ritter von Epp kandidierte für die NSDAP. 1933 ernannte Hitler ihn zum Reichsstatthalter in Bayern.

Nachdem die Nationalsozialisten die Herrschaft in Bayern an sich gerissen hatten, konnte es nur noch eine Frage der Zeit sein, bis sie auch die Zügel der Stadtverwaltung in die Hand nehmen würden. Treibende Kraft war dabei der kommissarische Innenminister Adolf Wagner. Unter seiner Führung wurde Oberbürgermeister Karl Scharnagl von der Bayerischen Volkspartei so unter Druck gesetzt, daß ihm schließlich nur noch der Rückzug blieb. Mit der Erklärung, daß er unter Vorbehalt aller seiner Rechte »der Gewalt weiche«, trat Scharnagl am 20. März 1933 von seinem Amt zurück. Noch am gleichen Tag wurde der NSDAP-Stadtrat Karl Fiehler von Wagner zum kommissarischen Bürgermeister bestellt. In seiner Antrittsrede vor der Presse erklärte das neue Stadtoberhaupt: »Ich bin mir bewußt, daß ich ein schweres und verantwortungsvolles Amt übernommen habe. Ich kann heute selbstverständlich noch nicht übersehen, welche Maßnahmen im einzelnen in der nächsten Zeit notwendig werden. Ich werde aber dafür sorgen, daß die von Reichskanzler Hitler ausgesprochene notwendige *Gleichschaltung* zwischen Reichsregierung, Landesregierung und der Landeshauptstadt München unter allen Umständen durchgeführt wird.« Für die Stadtverwaltung hieß das: Opposition wurde nicht geduldet, und wer bleiben wollte, mußte sich anpassen. Der zweite Bürgermeister Hans Küfner versicherte die neuen Machthaber sogleich seiner loyalen Haltung als Beamter, und auch der größere Teil der anderen hauptamtlichen Referenten unterwarf sich den neuen Machtverhältnissen. Lediglich die Vertreter des sozialdemokratischen Lagers, der Wohnungsreferent Karl Sebastian Preis, der Sozialreferent Karl Schmidt sowie der Stadtschulrat Hans Baier, schieden gleich nach der Machtergreifung im Rathaus aus.

Die am 26. April 1933 folgende Wahl Fiehlers zum Ersten Bürgermeister der Stadt war nur noch eine politische Farce. Der Stadtrat war zu diesem Zeitpunkt bereits nach dem *Vorläufigen Gesetz zur Gleichschaltung der Länder mit dem Reich* neu formiert worden. Die den Kommunisten zustehenden Sitze hatte man einfach gestrichen. Mit 23 von 44 Sitzen verfügten die Nationalsozialisten zusammen mit den Deutschnationalen trotzdem nur über eine ganz knappe absolute Mehrheit. Sie hatten aber die Gewalt auf ihrer Seite, und die Vielzahl von Verhaftungen zeigte, wie sie mit politischen Gegnern umspringen würden.

Vor der Kulisse von Braunhemden und SA-Spalieren auf den Zuschauertribünen stimmten 37 von 43 anwesenden Stadträten für Fiehler, nur die sechs verbliebenen Sozialdemokraten gaben ungültige Stimmzettel ab. Zwei Mitglieder ihrer 10köpfigen Fraktion hatten es vorgezogen, unter dem Namen »Deutsche Sozialisten« die Fronten zu wechseln und sich auf die Seite Fiehlers und der NSDAP zu stellen. Zwei weitere SPD-Räte, Thomas Wimmer und Adolf Dichtl, befanden sich zu diesem Zeitpunkt bereits in sogenannter Schutzhaft. Ihre Genossen im Münchner Stadtrat sollten ihnen bald folgen. Am 9. Mai wurden sie von den Nationalsozialisten als »marxistische Arbeiterverräter« beschimpft und gewaltsam aus dem Sitzungssaal geworfen. Sie durften nicht dorthin zurückkehren. Inhaftierungen und Verfolgungsterror bestimmten ihr Schicksal, wie das der Sozialdemokraten überall im Reich; am 22. Juni 1933 wurde die SPD endgültig verboten.

Zwei Monate nach dem Rauswurf der SPD-Räte war auch für die Bayerische Volkspartei (BVP) das Ende im Münchner Stadtrat gekommen. Als die BVP-Vertreter in der Sitzung vom 11. Juli aufgefordert wurden, die Konsequenz aus der inzwischen erfolgten Auflösung ihrer Partei zu ziehen, warteten sie weiteres nicht erst ab und verließen den Saal. Begleitet wurden sie von den Deutschen Sozialisten, die trotz ihres Wendemanövers von den neuen Machthabern nicht akzeptiert worden waren. Mit der mittlerweile fortgeschrittenen Gleichschaltungsgesetzgebung bestand jetzt die Möglichkeit, die freigewordenen Sitze mit Nationalsozialisten zu besetzen. 17 neue NSDAP-Räte wurden bei einer Festsitzung am 25. Juli 1933, zu der etliche Vertreter von Staat und Kirche geladen waren, verpflichtet. Damit war die nationalsozialistische Alleinherrschaft im Münchner Rathaus besiegelt.

Anders als in vielen Städten und Gemeinden war allerdings mit Karl Fiehler in München nicht nur ein altgedienter Nationalsozialist Bürgermeister geworden, sondern auch ein Mann, der Verwaltung und Politik der Gemeinde von innen her kannte. Vierzehn Jahre Tätigkeit in städtischen Diensten hatte er bereits hinter sich, als er sein neues Amt antrat. In der Zeit der rationierten Lebensmittel nach dem Ersten Weltkrieg war ihm die Chance geboten worden, im Lebensmittelkartenamt der Stadt als Hilfsbeamter anzufangen. Hier konnte der 23jährige Kriegsteilnehmer, der im Juni 1918 eine Verletzung erlitten und für längere Zeit ins Lazarett gemußt hatte, wieder Fuß fassen. Er kehrte nicht mehr in seinen erlernten Beruf als Kaufmann zurück. Fiehler blieb den städtischen Amtsstuben treu und verrichtete seinen Dienst so gewissenhaft, daß man ihn 1922 zum Beamten ernennen konnte. Es sind wohl eher Fleiß und Tüchtigkeit gewesen, die ihn in den Augen seiner Vorgesetzten auszeichneten, als seine intellektuellen Fähigkeiten. So jedenfalls läßt sich die Dienstbeurteilung interpretieren, die ihn 1920 folgendermaßen charakterisierte: Fiehler »ist zu internen Büroarbeiten einschließlich Rechnungsführung sowie im Parteienverkehr gut zu gebrauchen, hat Eigenschaften, die seiner Mittelschulbildung, Kaufmannslehre u. seiner Tätigkeit als Reserveoffizier entsprechen« (StadtA Mü, Personalakt Fiehler 12011).

Es war die Beteiligung an einem Putsch, die Fiehler für kurze Zeit aus seiner durchschnittlichen Beamtenlaufbahn warf. Der 1895 in Braunschweig geborene Sohn eines Baptistenpredigers hatte zu denen gehört, die schon bald der Demagogie Adolf Hitlers verfallen waren und die ihm 1923 bei seinem Versuch folgten, die Macht im Staat an sich zu reißen. Seine Teilnahme am mißglückten Hitlerputsch vom 8. und 9. November 1923 brachte Fiehler nicht nur die Verurteilung zu einer Strafe von 15 Monaten Festungshaft ein, sondern auch die Entlassung aus städtischen Diensten. Es entsprach allerdings dem Geist der Zeit, daß Fiehler bald

Unterstützung fand von Kräften, die bereit waren, gegen Täter von rechts Milde walten zu lassen. Am 19. Januar 1925 ließ die Regierung von Oberbayern die Dienststrafe der Entlassung, die der mehrheitlich sozialdemokratische Stadtrat verhängt hatte, auf eine Geldbuße von 50 Reichsmark herabsetzen. Auch von der Festungshaft verbüßte Fiehler im Sommer und Herbst 1924 nur dreieinhalb Monate in Landsberg. Er hatte einen prominenten Mitgefangenen, Adolf Hitler, der seinerseits schon kurz vor Weihnachten 1924 wieder entlassen wurde. Die Justiz hatte ihre Chance vertan, den Putschversuch angemessen zu bestrafen und die Gefahr, die von Adolf Hitler ausging, rechtzeitig einzudämmen.

Für Karl Fiehler war die Teilnahme am Putsch nicht längerfristig karrierehinderlich. Wieder in städtischen Diensten eingesetzt, wurde er weiter befördert und hatte vor seiner Ernennung zum Bürgermeister 1933 die Stellung eines Verwaltungsobersekretärs erreicht. Auch in der Politik machte Fiehler nach dem Hitlerputsch weiter. In der Verbotszeit der NSDAP 1924 wurde er für den Völkischen Block in den Stadtrat gewählt; 1925 trat er der wiedergegründeten NSDAP bei, deren Fraktionsführer im Stadtrat er bis 1929 war. Innerhalb der Partei etablierte sich der Mann mit der Mitgliedsnummer 37 unterdessen als kommunalpolitischer Fachmann. Schon 1926 verfaßte er eine Schrift über »Nationalsozialistische Gemeindepolitik«. Nach der Machtergreifung stieg er zum Leiter des Hauptamtes für Kommunalpolitik der NSDAP auf.

Allerdings muß man sehen, daß die Kommunalpolitik innerhalb der Partei kein großes Ansehen genoß. Fiehler wurde während seiner Amtszeit als Münchner Oberbürgermeister immer mehr zu einer Randfigur in der NSDAP. Daran änderte auch seine relativ hohe Stellung als Reichsleiter nichts. Er galt als reiner Kommunalpolitiker, als Verwaltungsfachmann, der für höhere Aufgaben nicht geeignet war, und wurde nicht selten von Hitler und seinen engeren Vertrauten sogar bei Entscheidungen für München übergangen. Er selbst hielt allerdings »bis zum bitteren Ende« an seiner Ergebenheit für Hitler fest.

Während seiner Amtszeit in München war Fiehler von einer ganzen Reihe treuer Gefolgsleute Adolf Hitlers umgeben, etliche davon hatten am Marsch zur Feldherrnhalle 1923 teilgenommen. Nach der Machtergreifung hatte mancher dieser »alten Kämpfer«, sofern er nicht für höhere Aufgaben vorgesehen war, einen Posten im Münchner Stadtrat erhalten, der »beinahe zu 100 Prozent aus alten Parteigenossen« bestand. So stellte es zufrieden der überzeugte Nationalsozialist und zweite Bürgermeister Karl Tempel, der 1934 Hans Küfner abgelöst hatte, in einer Ansprache am 6. August 1935 fest. Trotzdem waren diese »alten Kämpfer« im Münchner Stadtrat weitgehend zu einer Schattenexistenz verurteilt. Sie zehrten viel stärker von der Erinnerung an die »Kampfzeit« als von ihrer Funktion im nationalsozialistischen Herrschaftssystem. Davon zeugt auch ein Brief aus dem Jahr 1944 an den Gauleiter Paul Giesler, in dem ein ehemaliger Stadtrat, Franz Reichinger, seine Kollegen so charakterisiert: »Wohl sind es zum überwiegenden Teil Männer, die zu den ältesten

Oberbürgermeister Karl Fiehler an seinem Schreibtisch im Rathaus, 1933.

Parteigenossen des Führers gehören und unstreitbar sich in der Kampfzeit grosse Verdienste um die Bewegung erwarben. (...) Die Tatsache jedoch besteht, dass mit dem Siege des Führers am 30. Jan. 1933 sie ihre Mission als erfüllt betrachteten und sie brachten dann immer weniger mehr die geistige und körperliche Kraft auf, die notwendig ist, um eine weltanschauliche Revolution zum endgültigen Erfolg und zum Siege zu führen ...« (StaatsA Mü, NSDAP 24.)

Anscheinend traute auch Hitler seinen ehemaligen Kampfgefährten im Münchner Stadtrat nicht viel zu. Immer wieder zeigte sich jedenfalls, daß die Gemeinderäte bei wichtigen Entscheidungen einfach vor vollendete Tatsachen gestellt wurden. Am stärksten war dies im Bereich der Baupolitik spürbar, in der die Stadtverwaltung allmählich auf ein Nebengleis gedrängt wurde. Damit alles »dem Wunsch des Führers« entsprechend verlief, berief dieser Ende 1938 einen Mann seines Vertrauens, Hermann Giesler, als Generalbaurat für München. In Gieslers Behörde wurden gigantische Ausbaupläne entwickelt, deren Verwirklichung schließlich nur der Krieg verhinderte. Der Stadtkämmerer raufte sich angesichts der ungeheuren Kosten, die da auf München zukamen, förmlich die Haare. Aber die Stadtverwaltung traute sich nicht, gegen Giesler und vor allem Hitler selbst mehr als vorsichtige Bedenken zu erheben. Es mag der allgemeinen Stimmung im Stadtrat entsprochen haben, als Ratsherr Beck in der Sitzung vom 8. August 1939, bei der es um die Ausbaupläne ging, konstatierte: »Wir werden ja doch nicht gefragt.«

Geschickt verstand Hitler es, den tatsächlichen Machtverlust für die Stadtherrschaft unter dem nationalsozialistischen Regime mit großartigen Gesten der Auszeichnung und wortreichen Preisungen zu kaschieren. Die deutsche Gemeindeordnung von 1935 zum Beispiel schränkte das Prinzip kommunaler Selbstverwaltung ein, indem sie als eine Neuerung das Amt des Parteibeauftragten für die Gemeinde schuf. Aber natürlich wurde es als eine Ehre angesehen, daß »der Führer« im Falle Münchens selbst dieses Amt übernahm und damit sein besonderes Interesse an der Stadt demonstrierte. Am bedeutsamsten wurde von den Zeitgenossen wohl die Ernennung zur »Hauptstadt der Bewegung« empfunden, die Hitler am 2. August 1935 aussprach. Dieser Titel leitete sich aus den »Verdiensten« Münchens um die Hitler-Bewegung vor allem in ihrer Aufbauphase ab. Denn von München aus hatte der Nationalsozialismus ja seinen Aufstieg genommen.

In dieser Stadt hatte der Schlosser Anton Drexler im Januar 1919 die Deutsche Arbeiterpartei gegründet, die Hitler nach seinem Beitritt im September 1919 allmählich für seine Zwecke umformte. Im Februar 1920 war es bereits Hitler, der das neue 25-Punkte-Programm der Partei bekanntgab. Auf seine Anregung hin benannte sie sich damals in »Nationalsozialistische Deutsche Arbeiterpartei« um. Für Hitler bot die Partei den notwendigen Hintergrund für seinen nachfolgenden Aufstieg, seine Erfolge aber verdankte er der in München weit verbreiteten Republikfeindschaft. Das mißglückte Experiment einer Räterepublik nach dem Ersten Weltkrieg hatte hier besonders dazu beigetragen, ein Klima zu erzeugen, das rechten und nationalistischen Parolen gewogen war. Die NSDAP war zunächst nur eine von zahlreichen völkischen Gruppierungen, die auf diesem Boden gediehen. Außergewöhnlich war lediglich das rhetorisch-demagogische Talent Adolf Hitlers. Seine Auftritte fanden in Nebenzimmern von Gaststätten, in Bierhallen und häufiger auch im Circus-Krone-Bau statt. Hier trafen seine antisemitischen, antimarxistischen und völkischen Agitationsreden die Stimmungslage eines Publikums, das durch die wirtschaftlichen und politischen Kriegsfolgen zutiefst verunsichert war. Allerdings hätte auch die Resonanz in breiten Kreisen der Bevölkerung Hitler nichts genützt, wenn nicht die bayerische Regierung, der bayerische Teil der Reichswehr und die Polizei die völkisch-nationale Bewegung protegiert hätten. Die Rechtsradikalen gewannen so zunehmend an Spielraum für ihre konspirativen Tätigkeiten. Im November 1923 schließlich unternahm Hitler, bestärkt durch die bisherige Haltung der bayerischen Politik, den Versuch, die Regierungen im Reich und in Bayern zu stürzen. Sein fulminanter Auftritt am Abend des 8. November 1923 im Bürgerbräukeller konnte allerdings über den Dilettantismus des Unternehmens nicht hinwegtäuschen. Zunächst von Hitler zum Mitmachen erpreßt, rückten der Generalstaatskommissar Kahr, der Bayerische Landeskommandant Lossow und der Chef der Landespolizei Seißer schnellstmöglich von dem politischen Hasardeur ab und mobilisierten die Ordnungskräfte. Der Marsch zur Feldherrnhalle, geführt von Hitler und General Ludendorff, am 9. November endete blutig. Mit den 16 toten Gefolgsleuten hatte die Bewegung ihre Märtyrer. München aber war Schauplatz des Geschehens gewesen und damit ausersehen, in der Inszenierung und Mythologisierung der Parteigeschichte durch das »Dritte Reich« eine zentrale Rolle zu spielen.

Es war allerdings nicht nur der Hitler-Putsch, der München zur »Hauptstadt der Bewegung« machte. Auch die Neugründung der Partei 1925 fand in München statt, wo die Parteizentrale ihren Sitz zunächst in der Schellingstraße 50 einrichtete. 1931 zog man in das zum »Braunen Haus« umgebaute Barlow-Palais an der Brienner Straße um. Die Reichsleitung der NSDAP blieb auch nach der Machtergreifung in München; ihre diversen Verwaltungsämter nisteten sich vor allem entlang der Karlstraße ein. Daß die Parteileitung ihren Sitz in München hatte und damit bewußt von der Reichsregierung getrennt gehalten wurde, mag nicht immer unangefochten gewesen sein. Am 23. April 1936 jedenfalls zitierten die »Münchner Neuesten Nachrichten« unter der Überschrift »Ende einer ›Rivalität‹« aus einer Rede des Gauleiters Wagner: »Der Führer hat verfügt, daß München als Hauptstadt der Bewegung für alle Zeiten Sitz der Reichsleitung der N.S.D.A.P. bleiben soll. Berlin wird für alle Zeiten Sitz der Reichsregierung bleiben. Von Berlin aus wird das Reich, von München aus wird die nationalsozialistische Bewegung geführt.«

Im Alltagsleben verspürten die Münchner in erster Linie die propagandistische Funktion des Titels »Hauptstadt der Bewegung«. Die nationalsozialistischen »Feiertage«, wie vor allem der 8./9. November, wurden hier mit großem Pomp begangen. Aber auch politische Anlässe, angefangen von einem Kreistag der NSDAP bis hin zum Besuch Mussolinis, wurden mit einem abgestuften Aufgebot an Rednerprominenz, Fahnendekoration und Zuschauermassen inszeniert. Die Münchner Bevölkerung nahm an dem Geschehen mit einer Mischung aus Faszination und Ablehnung teil, so erscheint es jedenfalls in den Deutschlandberichten des Exilvorstands der SPD (Sopade genannt), der regelmäßig von seinen im Untergrund arbeitenden Verbindungsleuten in Deutschland informiert wurde. Von Kritik ist da die Rede an der Geltungs- und Verschwendungssucht des Regimes, aber auch von der Empfindung, daß die Inszenierungen Deutschlands Größe bezeugen und auch das Ausland beeindrucken müssen. »Das Volk schimpft, steht und staunt!«, wird ein Berichterstatter zu Beginn des Jahres 1938 zitiert, und diese wenigen

Fotomontage auf einer Postkarte: Darstellung der Ereignisse vom 9. November 1923 an der Feldherrnhalle, wo sich die Landespolizei dem anrükkenden Stoßtrupp Hitler entgegenstellte. Soweit bekannt, existiert von den Kämpfen an der Feldherrnhalle kein Dokumentarfoto; die Fotomontage stellt die nationalsozialistischen Putschisten als eine geschlossene Reihe mutiger Kämpfer dar, während sie in Wirklichkeit nach den ersten Schüssen die Flucht ergriffen hatten.

Aufstellung der »alten Kämpfer« für den nachinszenierten »Marsch auf die Feldherrnhalle« am 9. November 1934; in der ersten Reihe Fritz Kühn, Max Amann, Ulrich Graf, Alfred Rosenberg, Hermann Esser, Karl Fiehler (von links) und am rechten Bildrand Christian Weber. 1934 trafen sich die »alten Kämpfer« am Marstallplatz zu einem verkürzten Marsch. (Foto: Huhle)

Worte beschreiben gut die zwiespältige Stimmungslage, in der sich die Bewohner der »Hauptstadt der Bewegung« befanden. Natürlich war man erbost über die Geldsummen, die die Selbstdarstellung des Nationalsozialismus verschlang, aber bei aller Erbitterung blieb auch die Bewunderung nicht aus: »Der Schwung, mit dem die Nazis immer wieder an ihre Sache herangehen, imponiert den Menschen. Und wenn man sich auch schon an vieles gewöhnt hat und vieles nicht mehr zieht, so kann die Kunst des Propagandaministeriums, immer wieder etwas Neues und Größeres zu erfinden, stets Erfolge buchen.« (Sopade-Berichte, 5. Jg., 1938, S. 26.)

Wirkliches Ärgernis erregte vor allem das Verhalten einiger »Goldfasane«, allen voran des allmächtigen Christian Weber, der nicht nur im Münchner Stadtrat das Sagen hatte, sondern auch das Gesellschaftsleben der Stadt zu einem guten Teil regierte. Die Sopade-Berichte schilderten ihn, den Klatsch in München aufgreifend, folgendermaßen: »Der ehemalige Hausknecht und heutige Würdenträger des Nationalsozialismus, Christian Weber, ist geradezu zu einem Symbol des Nationalsozialismus in München geworden. (...) Der ehemalige Hausknecht des Blauen Ochsen [richtig: Blauer Bock] ist zu den reichsten Menschen der Stadt München emporgeklettert. Er ist Hotelier geworden und Besitzer eines mächtigen Rennstalles, er ist Transportunternehmer und Eigentümer mehrerer Villen, er ist der gierigste Geschäftemacher und der hemmungsloseste Säufer, er ist in allen Ämtern der Herr, er ist der Tyrann von München. In ihm sieht heute die ganze Stadt den Repräsentanten der nationalsozialistischen Partei und zugleich den größten und hemmungslosesten Bonzen, der in Bayern je ein Amt bekleidete.« (4. Jg., 1937, S. 1074.)

Im Rathaus führte Weber das große Wort und vermochte es, zahlreiche Befugnisse an sich zu ziehen. Charakteristisch ist dafür etwa seine Ernennung zum Beauftragten in Wirtschaftsangelegenheiten der Stadt. Bürgermeister Fiehler begründete in der Ratssitzung vom 12. Januar 1937 diese Entscheidung damit, daß zur »Förderung und zum Schutze unserer heimischen Wirtschaft« die Stadt besondere Maßnahmen treffen müsse. Für den »lebendigen Kontakt mit der Wirtschaft« sei Christian Weber in besonderem Maße geeignet, da er selbst Geschäftsmann und seit über 10 Jahren Mitglied des Stadtrats sei. Weber erwiderte in seiner Ansprache, es sei beim heutigen Staatsaufbau eine Notwendigkeit, daß »in einer Hand mehrere Aemter vereinigt« seien, damit auf »schnellerem, nicht bürokratischem Wege Fragen hauptsächlich der Wirtschaft« gelöst und notwendige Entscheidungen herbeigeführt werden könnten.

Die Forderung nach Ämtervereinigung erfüllte Weber allerdings in hervorragendem Maße. Er war unter anderem Fraktionsvorsitzender der NSDAP im Stadtrat, Kreistagspräsident, Präsident des Rennvereins Riem und Vorsitzender des Amtes für den 8./9. November 1923, das die jährlichen Erinnerungsfeiern organisierte und sich auch ansonsten um »alte Kämpfer« kümmerte. Webers wirtschaftliche Verdienste um die

Die Ratsherren Christian Weber und Max Amann auf dem Pressefest im Deutschen Theater, Februar 1939. (Foto: Schödl)

Stadt machen die Ermittlungen eines Untersuchungsausschusses nach dem Krieg deutlich. Die »Süddeutsche Zeitung« berichtete am 5. Juli 1947 über die Ergebnisse: Demnach wurden in den Jahren 1933–1945 fast 25 Millionen Mark Steuergelder für die Zwecke der Partei, ihrer Gliederungen, Einrichtungen und Veranstaltungen, für ihren Anhängerkreis und für besondere Maßnahmen aufgewendet. Davon entfielen über 10 Millionen Mark auf Vereine und Veranstaltungen des »Christian-Weber-Programms«. Mit fast 8 Millionen Mark schlug dabei sein Engagement im Pferdesport zu Buche, also die jährlich veranstalteten Rennen um das Braune Band von Deutschland sowie die Kosten für die Isarland-Gestüte und den Rennverein Riem. Daneben nahmen sich die 72 000 Mark Aufwandsentschädigung für sein Büro fast bescheiden aus, immerhin wurde sein Engagement als Wirtschaftsbeauftragter nochmals mit 70 000 Mark vergütet, und zu seinem 60. Geburtstag konnte er eine Ehrengabe der Stadt in Höhe von 25 300 Mark entgegennehmen.

Zur Rechenschaft konnte man Weber nach dem Krieg nicht mehr ziehen, bereits am 10. Mai 1945 war er auf einem Internierungstransport der Amerikaner verunglückt. Die Kritik an seiner Person während des »Dritten Reiches« sowie am »Bonzentum« überhaupt sollte aber nicht mit genereller Ablehnung des Regimes verwechselt werden. Schon die

Sopade-Berichte bemerkten im Januar 1938, daß das Urteil der Münchner über Weber keinesfalls einem Urteil über »den Nationalsozialismus als ein System der Korruption und der Barbarei« gleichkäme (5. Jg., 1938, S. 25). Vielmehr behielt auch in München die nationalsozialistische Herrschaft bis weit in den Krieg hinein ihre Bindekraft und vermochte, den überwiegenden Teil der Bevölkerung auf Kurs zu halten.

Allerdings gab es immer wieder Konfliktpunkte, Reibungsstellen, bei denen die Haltung der Münchner zu Maßnahmen des Regimes zwischen Unwillen und erklärter Ablehnung schwankte. Stoff für solche Konflikte bot in München wie in ganz Bayern in starkem Maß das religiöse Leben. Die überlieferten Berichte der Polizeidirektion München sind voll von Beobachtungen über nicht systemkonformes Verhalten der Kirchenführer und des Kirchenvolks. Das Spektrum reichte von der Verweigerung, am 1. Mai, den die Nazis zum gesetzlichen Feiertag erhoben hatten, die Kirchenglocken zu läuten, bis zu offenen Protesten etwa gegen die Inhaftierung Pater Rupert Mayers. Auf zähen Widerstand von seiten der Kirchen traf die NS-Führung auch bei der allgemeinen Einführung der Gemeinschaftsschule, die sie aber allen Bekenntnisschulanhängern zum Trotz durchsetzte. Durch den vom Münchner Stadtschulrat Josef Bauer vehement geführten »Schulkampf« gelang es den Nationalsozialisten schließlich, der Münchner Elternschaft das gewünschte Ergebnis abzuringen. Hatten 1935 die Schuleinschreibungen noch 65 Prozent für die Konfessionsschule und nur 35 Prozent für die Gemeinschaftsschule ergeben, kehrte sich das Verhältnis 1936 bereits genau um. Aber auch 65 Prozent genügten den Nationalsozialisten noch nicht. 1937 machten sie die »Woche der Deutschen Schule« zu einem Propagandafeldzug mit Elternabenden, Plakataktionen und sogar einem Kinokurzfilm: »Stadtschulrat Bauer spricht zu den Münchener Eltern«. Die katholische Kirche versuchte ihrerseits dagegenzuhalten und ließ Flugblätter drucken, die zu polizeilichen Beschlagnahmen führten. Die Auseinandersetzung endete mit einem Triumph für Stadtschulrat Bauer und seine Anhänger: »Die Einschreibung, die man mit Vorbedacht auf (...) den vierten Jahrestag der Machtergreifung (...) angesetzt hatte, erbrachte in München mit 96,1 Prozent Stimmen für die Gemeinschaftsschule eine ausreichende Mehrheit zur Umwandlung aller Münchener Volksschulen in Gemeinschaftsschulen« (Sonnenberger, S. 310).

Während der Kirchenkampf solcher Art weite Teile der Bevölkerung berührte und auch breiten Niederschlag in polizeilichen und regierungsamtlichen Berichten über »die Volksmeinung« fand, sind nur wenig kritische Äußerungen über den Terror gegen die politische Opposition, vor allem die Linksparteien, überliefert. In der Politik, das war vielen klar, gab es keine Schutzzonen so wie im kirchlichen Leben. Hier war man deswegen vorsichtiger, zog sich lieber auf seine Privatheit zurück. Fast ganz auf sich gestellt waren die Verfolgten des Regimes, die nicht erst der Nationalsozialismus zu »Gemeinschaftsfremden« gemacht hatte: Betraf es Homosexuelle, religiöse Randgruppen wie die »ernsten Bibel-

Plakataufruf aus dem Jahr 1935. Kardinal Faulhaber war in einer Predigt für die Beibehaltung der Konfessionsschule eingetreten und hatte zahlreiche Einwände gegen die von den Nationalsozialisten gewünschte Gemeinschaftsschule vorgebracht. Stadtschulrat Bauer rief zu einer großen Gegenkundgebung im Bürgerbräukeller auf.

Anschlag am Deutschen Museum, undatierte Aufnahme.

forscher« oder die Volksgruppen der Sinti und Roma, blieben die Nazi-Verbrechen praktisch ohne Echo in der Bevölkerung.

Zwiespältig stellt sich die Reaktion der Bevölkerung auf die Judenverfolgung dar. Traditioneller Antisemitismus und wirtschaftliches Konkurrenzdenken trugen vielfach dazu bei, daß antijüdische Maßnahmen zunächst begrüßt wurden. Mancher war der »Judenfrage« gegenüber auch einfach gleichgültig und hatte wenig Verständnis für den radikalen Antisemitismus fanatisierter Nazis, ohne jedoch für seine jüdischen Mitbürger Partei zu nehmen. Offene Gewalt aber, wie sie für alle sichtbar etwa in der »Reichskristallnacht« 1938 praktiziert wurde, provozierte doch in breiten Kreisen Ablehnung und Empörung. Exemplarisch können die Worte eines jüdischen Emigranten zitiert werden: »Die Stimmung unter der christlichen Bevölkerung in München ist durchaus gegen die Aktion. Von allen Seiten wurde mir das lebhafteste Beileid und Mitgefühl entgegengebracht« (Kershaw, Antisemitismus, S. 335). Aber mitunter waren es gar nicht in erster Linie Mitleid und Sympathie für die jüdische Mitbevölkerung, die zu den ablehnenden Reaktionen führten. Das Mißfallen galt auch der sinnlosen Zerstörung an sich und der Schändung von Kulturwerten.

Verborgen blieb der Terror gegen die »Gemeinschaftsfremden« der Münchner Bevölkerung nicht, auch wenn sich kaum jemand von seinem ganzen Ausmaß eine realistische Vorstellung machen konnte. Über das nahegelegene Lager Dachau kursierten angstvolle Gerüchte, die man hinter vorgehaltener Hand diskutierte. Im Krieg konfrontierten die Massen von Zwangsarbeitern die Einwohner der Stadt mit dem Leben der Außenseiter. Natürlich blieben auch nächtliche Verschleppungen und die Deportationen von Juden nicht unbemerkt. Sich offen dagegen aufzulehnen aber hieß, das eigene Leben zu riskieren.

Mögen Verfolgung und Terror auch immer wieder Beunruhigung, Ärger, sogar Protest hervorgerufen haben, so ist nicht zu übersehen, daß der wirtschaftliche Aufschwung, den die Nationalsozialisten für sich buchen konnten, ihnen immer wieder breiten Konsens sicherte. Insbesondere die Erfolge bei der Bekämpfung der Arbeitslosigkeit mußten nach den traumatischen Erfahrungen der Weltwirtschaftskrise erheblich beeindrucken. In München etwa fielen die Erwerbslosenzahlen der amtlichen Statistik von 75 646 Ende 1932 auf 8131 Ende 1937 zurück. Daß der wirtschaftliche Aufschwung mit dem Preis forcierter Aufrüstung bezahlt werden mußte, war freilich offensichtlich, und man konnte sich unschwer ausrechnen, daß die Entwicklung auf einen Krieg zusteuerte. Die weitverbreitete Kriegsfurcht gehörte bald zum nationalsozialistischen Alltag: »Der Krieg am Horizont Europas, das ist heute die allen Deutschen gleiche Empfindung. Ob sie nun begeisterte Anhänger, gleichgültige Erdulder oder leidenschaftliche Verneiner des Nationalsozialismus sind. Alle erfühlen die Zwangsläufigkeit der Entwicklung zum Kriege«, berichteten etwa die sozialdemokratischen Gewährsmänner aus München, und das nicht im Sommer 1939, sondern im März 1936 (Sopade-Berichte, 3. Jg., 1936, S. 306). Allerdings konstatierten die Berichterstatter im gleichen Zug, daß die meisten diese Entwicklung als ein unabweisbares Schicksal hinnahmen: »Was da kommt, ist schrecklich, aber man kann nichts machen.« – Auflehnung oder Widerstand blieben die Ausnahme. Man versuchte, die Kriegsfurcht zu verdrängen, vielleicht würde es ja doch gutgehen, das Ausland ein weiteres Mal nachgeben.

Als der Krieg schließlich mit dem 1. September 1939 Realität wurde, war man in München wie überall nicht überrascht. Begeisterung und nationaler Enthusiasmus waren aber keineswegs die vorherrschende Stimmung, sondern Bedrückung und Angst. Im Stadtrat interpretierte man die Bevölkerungsstimmung als »Gefaßtheit«, die allemal besser sei als der »Hurrapatriotismus von 1914«. Heute wüßten die Menschen, »daß es diesmal restlos ums Ganze geht« (Rede von Ratsherr Reichinger in der Sitzung vom 5. September 1939).

Was der »totale Krieg« bedeutete, mußte die Bevölkerung allzu deutlich in den nächsten Jahren erfahren. Das zunächst weit entfernte und nur durch die eingezogenen Angehörigen erfahrbare Kriegsgeschehen betraf seit dem Sommer 1942 in erheblichem Maß auch die Stadt München selbst, die bis Kriegsende über 70 Luftangriffe erlebte. Trotzdem mußte erst die Wende von Stalingrad kommen, die Gewißheit, daß der Krieg nicht mehr zu gewinnen war, damit das Regime Ablehnung auf breiter Basis erfuhr. Seit 1943 entfernte sich die Bevölkerung zunehmend von der nationalsozialistischen Führung; man hatte genug, wollte nicht mehr sinnlose Opfer für einen wahnwitzigen Krieg bringen, der

Wahlplakat der NSDAP von 1932.

Deutschland immer weiter an den Rand des Abgrunds trieb. Trotzdem blieb aktiver Widerstand auch jetzt noch eine Sache von einzelnen, die häufig mit dem Leben dafür bezahlen mußten. Hans und Sophie Scholl etwa, die als Mitglieder einer studentischen Widerstandsgruppe bei einer Flugblattaktion am 18. Februar 1943 in der Münchner Universität entdeckt wurden. Das war das Ende für die »Weiße Rose«: Neben den Geschwistern Scholl wurden auch die anderen führenden Mitglieder des Widerstandskreises und ihr Mentor, Professor Kurt Huber, vom Volksgerichtshof zum Tode verurteilt und hingerichtet.

Freilich hatte München seine »Unentwegten«, so den Oberbürgermeister Fiehler, der sich bis zuletzt nicht belehren ließ. Auch als eine Gruppe von Wehrmachtsangehörigen um den Hauptmann Gerngroß sich in der Nacht zum 28. April 1945 gegen die sinnlos gewordenen Kampfhandlungen und Verteidigungsmaßnahmen der Nazis erhob, stand Fiehler auf der Seite der Durchhaltestrategen. Ihnen gelang es noch, den Aufstand der »Freiheitsaktion Bayern« niederzuschlagen. Erst mit dem Einmarsch der Amerikaner am 30. April nahm die Naziherrschaft in München endgültig ihr Ende. Fiehler floh an den Ammersee, bis zuletzt unfähig zu begreifen, daß er Handlanger eines Unrechtsregimes gewesen war. Am 11. Mai 1945

Haltet Ruhe und Ordnung!

Seid vorsichtig! Es ist soweit ...

Bayern macht sich frei, helft alle mit das letzte Joch der braunen Knechtung abzuschütteln!

Unser liebes Bayern handelt entschlossen.

Freiheit und Land wird unser!

Handelt entschlossen und seid einig!

Haltet Euch alle bereit für die gute Sache der Freiheitsaktion Bayern!

Unser Land wird vom Krieg verschont, bald werden Friedensglocken läuten.

Helft unseren Markt verschonen!

Flugblatt der Widerstandsgruppe »Freiheitsaktion Bayern«, April 1945.

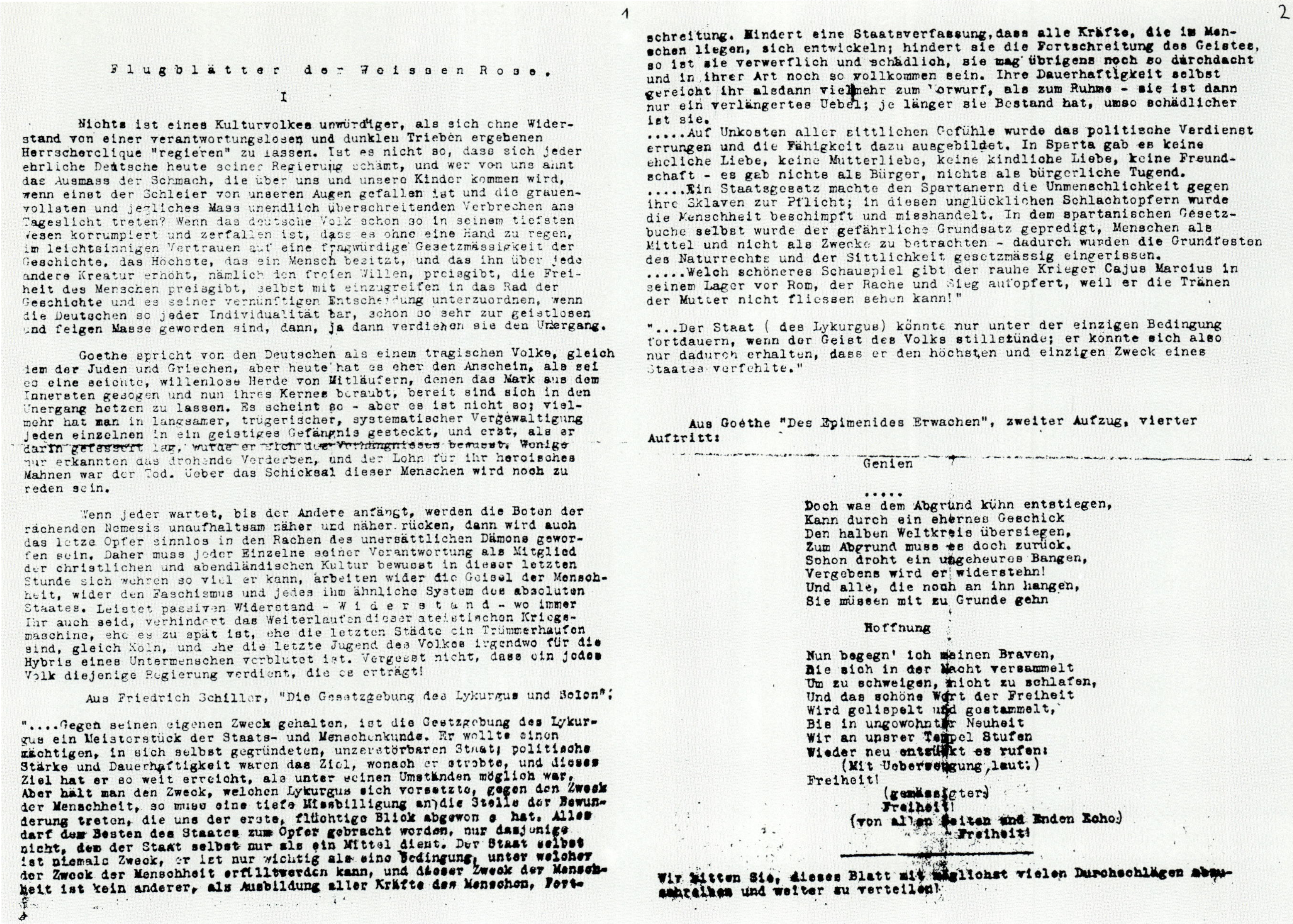

1

Flugblätter der Weissen Rose.

I

Nichts ist eines Kulturvolkes unwürdiger, als sich ohne Widerstand von einer verantwortungslosen und dunklen Trieben ergebenen Herrscherclique "regieren" zu lassen. Ist es nicht so, dass sich jeder ehrliche Deutsche heute seiner Regierung schämt, und wer von uns ahnt das Ausmass der Schmach, die über uns und unsere Kinder kommen wird, wenn einst der Schleier von unseren Augen gefallen ist und die grauenvollsten und jegliches Mass unendlich überschreitenden Verbrechen ans Tageslicht treten? Wenn das deutsche Volk schon so in seinem tiefsten Wesen korrumpiert und zerfallen ist, dass es ohne eine Hand zu regen, im leichtsinnigen Vertrauen auf eine fragwürdige Gesetzmässigkeit der Geschichte, das Höchste, das ein Mensch besitzt, und das ihn über jede andere Kreatur erhöht, nämlich den freien Willen, preisgibt, die Freiheit des Menschen preisgibt, selbst mit einzugreifen in das Rad der Geschichte und es seiner vernünftigen Entscheidung unterzuordnen, wenn die Deutschen so jeder Individualität bar, schon so sehr zur geistlosen und feigen Masse geworden sind, dann, ja dann verdienen sie den Unergang.

Goethe spricht von den Deutschen als einem tragischen Volke, gleich dem der Juden und Griechen, aber heute hat es eher den Anschein, als sei es eine seichte, willenlose Herde von Mitläufern, denen das Mark aus dem Innersten gesogen und nun ihres Kernes beraubt, bereit sind sich in den Unergang hetzen zu lassen. Es scheint so - aber es ist nicht so; vielmehr hat man in langsamer, trügerischer, systematischer Vergewaltigung jeden einzelnen in ein geistiges Gefängnis gesteckt, und erst, als er darin gefesselt lag, wurde er sich des Verhängnisses bewusst. Wenige nur erkannten das drohende Verderben, und der Lohn für ihr heroisches Mahnen war der Tod. Ueber das Schicksal dieser Menschen wird noch zu reden sein.

Wenn jeder wartet, bis der Andere anfängt, werden die Boten der rächenden Nemesis unaufhaltsam näher und näher rücken, dann wird auch das letze Opfer sinnlos in den Rachen des unersättlichen Dämons geworfen sein. Daher muss jeder Einzelne seiner Verantwortung als Mitglied der christlichen und abendländischen Kultur bewusst in dieser letzten Stunde sich wehren so viel er kann, arbeiten wider die Geisel der Menschheit, wider den Faschismus und jedes ihm ähnliche System des absoluten Staates. Leistet passiven Widerstand - W i d e r s t a n d - wo immer Ihr auch seid, verhindert das Weiterlaufen dieser ateistischen Kriegsmaschine, ehe es zu spät ist, ehe die letzten Städte ein Trümmerhaufen sind, gleich Köln, und ehe die letzte Jugend des Volkes irgendwo für die Hybris eines Untermenschen verblutet ist. Vergesst nicht, dass ein jedes Volk diejenige Regierung verdient, die es erträgt!

Aus Friedrich Schiller, "Die Gesetzgebung des Lykurgus und Solon":

"....Gegen seinen eigenen Zweck gehalten, ist die Gestzgebung des Lykurgus ein Meisterstück der Staats- und Menschenkunde. Er wollte einen mächtigen, in sich selbst gegründeten, unzerstörbaren Staat; politische Stärke und Dauerhaftigkeit waren das Ziel, wonach er strebte, und dieses Ziel hat er so weit erreicht, als unter seinen Umständen möglich war. Aber hält man den Zweck, welchen Lykurgus sich vorsetzte, gegen den Zweck der Menschheit, so muss eine tiefe Missbilligung an die Stelle der Bewunderung treten, die uns der erste, flüchtige Blick abgewonnen hat. Alles darf dem Besten des Staates zum Opfer gebracht werden, nur dasjenige nicht, dem der Staat selbst nur als ein Mittel dient. Der Staat selbst ist niemals Zweck, er ist nur wichtig als eine Bedingung, unter welcher der Zweck der Menschheit erfüllt werden kann, und dieser Zweck der Menschheit ist kein anderer, als Ausbildung aller Kräfte des Menschen, Fortschreitung. Hindert eine Staatsverfassung, dass alle Kräfte, die im Menschen liegen, sich entwickeln; hindert sie die Fortschreitung des Geistes, so ist sie verwerflich und schädlich, sie mag übrigens noch so durchdacht und in ihrer Art noch so vollkommen sein. Ihre Dauerhaftigkeit selbst gereicht ihr alsdann vielmehr zum Vorwurf, als zum Ruhme - sie ist dann nur ein verlängertes Uebel; je länger sie Bestand hat, umso schädlicher ist sie.

2

.....Auf Unkosten aller sittlichen Gefühle wurde das politische Verdienst errungen und die Fähigkeit dazu ausgebildet. In Sparta gab es keine eheliche Liebe, keine Mutterliebe, keine kindliche Liebe, keine Freundschaft - es gab nichts als Bürger, nichts als bürgerliche Tugend.
.....Ein Staatsgesetz machte den Spartanern die Unmenschlichkeit gegen ihre Sklaven zur Pflicht; in diesen unglücklichen Schlachtopfern wurde die Menschheit beschimpft und misshandelt. In dem spartanischen Gesetzbuche selbst wurde der gefährliche Grundsatz gepredigt, Menschen als Mittel und nicht als Zwecke zu betrachten - dadurch wurden die Grundfesten des Naturrechts und der Sittlichkeit gesetzmässig eingerissen.
.....Welch schöneres Schauspiel gibt der rauhe Krieger Cajus Marcius in seinem Lager vor Rom, der Rache und Sieg aufopfert, weil er die Tränen der Mutter nicht fliessen sehen kann!"

"...Der Staat (des Lykurgus) könnte nur unter der einzigen Bedingung fortdauern, wenn der Geist des Volks stillstünde; er könnte sich also nur dadurch erhalten, dass er den höchsten und einzigen Zweck eines Staates verfehlte."

Aus Goethe "Des Epimenides Erwachen", zweiter Aufzug, vierter Auftritt:

Genien

.....
Doch was dem Abgrund kühn entstiegen,
Kann durch ein ehernes Geschick
Den halben Weltkreis übersiegen,
Zum Abgrund muss es doch zurück.
Schon droht ein ungeheures Bangen,
Vergebens wird er widerstehn!
Und alle, die noch an ihn hangen,
Sie müssen mit zu Grunde gehn

Hoffnung

Nun begegn' ich meinen Braven,
Die sich in der Nacht versammelt
Um zu schweigen, nicht zu schlafen,
Und das schöne Wort der Freiheit
Wird gelispelt und gestammelt,
Bis in ungewohnter Neuheit
Wir an unsrer Tempel Stufen
Wieder neu entzückt es rufen:
(Mit Ueberzeugung, laut:)
Freiheit!
(gemässigter)
Freiheit!
(von allen Seiten und Enden Echo:)
Freiheit!

Wir bitten Sie, dieses Blatt mit möglichst vielen Durchschlägen abzuschreiben und weiter zu verteilen!

Erstes Flugblatt der Widerstandsgruppe »Weiße Rose«. Hans Scholl und Alexander Schmorell hatten es verfaßt und verschickten es im Juni und Juli 1942 mehrere hundert Male, um möglichst viele der Adressaten für das gemeinsame Vorgehen gegen den Nationalsozialismus zu gewinnen. Original im Stadtarchiv.

schrieb er an die neue Stadtverwaltung: »Meine Lebensaufgabe sah ich seit vielen Jahren in der Mitwirkung an der Schaffung gesunder Entwicklungsmöglichkeiten für die deutschen Gemeinden und insbesondere für die Stadt München, wobei ich der Unterstützung durch den Führer sicher zu sein glaubte. Mit dem Tode des Führers, dem ich bis zuletzt Gefolgschaftstreue geleistet habe, ist meine politische Tätigkeit beendet...« (StadtA Mü, Personalakt Fiehler 12011.) Beendet war für München damit auch das Kapitel nationalsozialistischer Stadtherrschaft, die »Hauptstadt der Bewegung« gab es nicht mehr.

Der Ausbau zur »Hauptstadt der Bewegung«

»München macht heute ein beinahe perikleisches Zeitalter durch, eine neue Bauepoche, die sich in vieler Hinsicht mit jenem Athen vergleichen läßt, das unter Perikles den Höhepunkt griechischen Ansehens, griechischer Kunst und Kultur verkörperte«, so schwärmte die »Deutsche Allgemeine Zeitung« am 4. August 1935. Zu diesem Zeitpunkt hatte Hitler München gerade offiziell zur »Hauptstadt der Bewegung« erklärt und sie damit zu einem Mittelpunkt der nationalsozialistischen Selbststilisierung gemacht. Hitler sah sich aber nicht nur im übertragenen Sinn, sondern auch ganz wörtlich zum Bauherrn des neuen – nationalsozialistischen – München berufen. Hatte er sich vor dem Ersten Weltkrieg als Architekturmaler in dieser Stadt durchschlagen müssen, wollte er sie jetzt nach seinen Vorstellungen gestalten. Und obwohl er immer wieder seine Verehrung für die architektonischen Leistungen unter Ludwig I. betonte, sollte »sein« München viel großartiger, eindrucksvoller, gewaltiger werden. Die Architektur sollte die Partei und ihren Führer repräsentieren und ihren Herrschaftsanspruch sichtbar machen: »Zeugnisse eines starken politischen Machtwillens« sah schon der Verfasser des Artikels in der »Deutschen Allgemeinen Zeitung« in den monumentalen Bauwerken. Verglichen mit den großsprecherischen Ankündigungen und ausgreifenden Plänen nehmen sich allerdings die tatsächlichen Veränderungen, die das Münchner Stadtbild durch die nationalsozialistische Bautätigkeit erfuhr, eher bescheiden aus. Gewaltig verändert war das Äußere der Stadt erst, nachdem die Luftangriffe der Jahre 1942 bis 1945 riesige Lücken gerissen hatten. Und der von den Nationalsozialisten entfesselte Krieg war es gleichfalls, der verhinderte, daß auch nur der kleinere Teil ihrer Umgestaltungspläne zur Verwirklichung kam.

Neben ihrer ideologisch-inszenatorischen Funktion erfüllte die Baupolitik auch einen ganz handfesten ökonomischen Zweck. Für die konjunkturbelebenden und arbeitsschaffenden Maßnahmen des nationalsozialistischen Regimes war der Bausektor zentral, da hier in hohem Maße Arbeitslose beschäftigt werden konnten, die nicht in ihre eigentlichen Berufe zu vermitteln waren. Hier bestand außerdem die Möglichkeit, Fürsorgeempfänger zum »Dienst an der Gemeinschaft« heranzuziehen. Die Nationalsozialisten hatten nämlich beschlossen, die wirtschaftlichen und sozialdisziplinierenden Funktionen der Pflichtarbeit zu nutzen. »*Keine Leistung* der öffentlichen Fürsorge *ohne Gegenleistung* des arbeitsfähigen Unterstützten«, zitierte das städtische Wohlfahrtsamt in einer Bilanz über die Arbeitsfürsorge vom 18. November 1936 einen nationalsozialistischen Grundsatz (StadtA Mü, BuR 253/9). Für München hieß das konkret, daß bis dahin von 24 000 Männern und 12 000 Frauen Pflichtarbeit verlangt worden war. Man setzte die Wohlfahrtsunterstützten bei der Stadtgartendirektion, im Straßenbau, für die Errichtung von Siedlungen und für andere Arbeiten ein. »Der Straßenbau konnte mit den Pflichtarbeitern 80 000 qm neue Straßen, Fuß- und Radfahrwege herstellen und 25 000 qm Grünflächen neu anlegen«, führt der Bericht des Wohlfahrtsamtes als Beispiel an. 1 RM pro Arbeitstag zusätzlich zur Wohlfahrtsunterstützung erhielt der so beschäftigte und unter die Aufsicht des nationalsozialistischen Staates genommene Arbeiter. Die Gegner der Nationalsozialisten sahen denn in den Maßnahmen auch keine vorbildliche Arbeitsfürsorge wie der Bericht des Wohlfahrtsamtes, sondern »so etwas wie eine Strafkompanie« (Sopade-Berichte, 1. Jg., 1934, S. 218).

Im Straßenbau begannen bald nach der Machtübernahme der Nationalsozialisten in München recht umfangreiche Aktivitäten. Etliche Straßenverbreiterungen wurden in Angriff genommen, und durch den Ausbau von Unterführungen und Brücken versuchte man, verkehrstechnische Mängel zu beheben. Schon 1933 wurde mit den Verbreiterungen an der Schwanthalerstraße begonnen, Ende 1935 wurden die Heimeran-Unterführung und die neue Donnersberger Brücke für den Stadtverkehr freigegeben. Zahlreiche weitere Straßenverbreiterungen und -durchbrüche sollten vor allem den Ost-West-Verkehr besser durch die Stadt fließen lassen. Das stand auch im Zusammenhang mit der entstehenden Autobahn München-Salzburg, für deren Baubeginn Hitler im März 1934 in Unterhaching das Startsignal gab. Von der Autobahnzufahrt in Ramersdorf bis in die Innenstadt sollte der Verkehrsfluß wesentlich erleichtert werden. Aber selbst hier verbanden sich technisch-pragmatische Zwecke und der Wunsch nach moderner Verkehrsführung mit ideologischen Gesichtspunkten. So bot der Ausbau der Ost-West-Verbindung die Möglichkeit, Straßen, die in der Mythologisierung und Inszenierung der Parteigeschichte eine Rolle spielten, »würdig« auszugestalten. Auf dem Marschweg der Hitler-Anhänger vom 9. November 1923 zwischen Bürgerbräukeller und Feldherrnhalle wurde der Rosenheimer Berg verbreitert und die Isarüberquerung durch die neuen Ludwigsbrücken ausgebaut.

Die Ludwigsbrücken machen in besonderem Maße deutlich, daß es um mehr als nur verkehrstechnische Lösungen ging. Hitler selbst intervenierte bei der Ausführung der Arbeiten 1935, weil ihm die Gestaltung des Hoheitszeichens der Partei, das die Brücken zieren sollte, mißfiel. Der Bildhauer Knappe, der das Modell geliefert hatte, mußte aus der Arbeitsgemeinschaft für den Bau entlassen werden, da er, Hitler zufolge, unfähig zu »künstlerischer Gestaltung im Sinne nationalsozialistischer Kunstauffassung« war. Der Eklat um die Brücken war letztlich sogar der Auslöser, daß das städtische Kulturamt völlig umstrukturiert wurde und zwei seiner leitenden Persönlichkeiten ihre Stellung verloren (vgl. S. 213).

Das Beispiel zeigt, wie heftig Hitlers Eingriffe in die Belange Münchens sein konnten. In künstlerischen und baulichen Fragen hatte München sich strikt nach den Wünschen des Führers zu richten. Da konnte ihn schon in Rage bringen, wenn die Grüninsel hinter dem Friedensengel nicht schnell genug nach seinen Anweisungen gestaltet wurde. »Wenn er als Führer der Nation sich um Einzelheiten kümmere und er nur den Wunsch habe, die Stadt München zu verbessern und zu verschönern«, könne er schließlich verlangen, daß »die Hauptstadt der Bewegung seinen geäusserten Wunsch oder seinen Befehl unter allen Umständen sofort ausführe«. So wurde Hitler in einer Besprechung Fiehlers mit technischen Vertretern der Stadt am 1. Juni 1937 zitiert (StadtA Mü, BuR 305/4b), und schon einen Monat später ging der gewünschte Umbau am Friedensengel vonstatten.

Auch die Eingemeindungen der Jahre 1938 bis 1942 (Pasing, Feldmoching, Großhadern, Obermenzing, Untermenzing, Allach, Ludwigsfeld, Solln und schließlich Langwied und Aubing) wurden nicht ohne Konsultation Hitlers durchgeführt. Die Eingemeindungen wurden als weiterer Schritt zum Ausbau der »Hauptstadt der Bewegung« angesehen. Allerdings erteilte Hitler noch weitergehenden Plänen, insbesondere des Gauleiters Adolf Wagner, zur Ausdehnung des Stadtgebiets bis an den Starnberger See eine Absage.

Auf Veranlassung Hitlers wurden in München auch etliche Abbrüche durchgeführt, die der »Säuberung« der »Hauptstadt der Bewegung« in ideologischer wie in architektonischer Hinsicht dienen sollten. Die jüdische Hauptsynagoge an der Herzog-Max-Straße wurde im Juni 1938 abgerissen, noch bevor in der Pogrom-Nacht vom 9./10. November des gleichen Jahres der große Sturm auf die jüdischen Besitztümer einsetzte. Wenige Tage nach der Zerstörung der Synagoge folgte der Abbruch der evangelischen Matthäuskirche an der Sonnenstraße, die den Stadtplanungen der Nationalsozialisten im Weg stand. Aber auch etliche Wohnhäuser mußten für Straßenverbreiterungen oder Neubauten der Nationalsozialisten weichen, so an der Von-der-Tann-Straße und in der Umgebung des Königsplatzes. Diese Orte waren ausersehen, zu neuen Kultstätten der Partei aufgebaut zu werden. Die Von-der-Tann-Straße sollte in der verbreiterten Form eine würdige Hinführung zum »Haus der Deutschen Kunst« bilden, für das Hitler selbst den Standort am Englischen Garten ausgewählt hatte. Am 16. Oktober 1933 wurde der Grundstein für diesen »Kunsttempel« der Nationalsozialisten gelegt, den Hitlers bevorzugter Architekt Paul Ludwig Troost entworfen hatte. Troost erlebte allerdings die pompöse Eröffnungszeremonie für den Bau nicht mehr, da er schon am 21. Januar 1934 starb.

Troost stand auch hinter den Ausbauplänen für den Königsplatz, dessen Umgestaltung zu einem »Aufmarsch- und Kultplatz« der Nationalsozialisten (Rasp, S. 25) ebenfalls schon 1933 einsetzte. Eine alte Münchnerin schildert in dem Buch »Verdunkeltes München« ihre Eindrücke davon (S. 155): »Am Königsplatz wurden die schönen Grünanlagen zerstört und an deren Stelle entstand ein kalter Plattensee aus Steinen, damit die pompösen Aufmärsche der Nazis besser stattfinden konnten. Am Rande des Königsplatzes an der Arcis-/Brienner Straße wurden zwei sogenannte Ehrentempel erbaut, bei denen Ehrenwachen in Uniform und mit geschultertem Gewehr standen.« Rechts und links von den Ehrentempeln wurden in äußerlich völlig gleicher Gestalt und symmetrisch zueinander angeordnet das Verwaltungsgebäude der NSDAP und der Führerbau errichtet. Mit der Fertigstellung dieser Bauten 1937 war allerdings der Bedarf der Partei noch keineswegs gedeckt. Ein ganzes Stadtviertel für die NSDAP sollte sich in der Umgebung der Alten Pinakothek anschließen und in riesigen Bauwerken wie einem Kanzleigebäude des »Braunen Hauses« oder einer Halle der Partei seine Ausgestaltung finden.

Doch auch dieses Parteiviertel, dessen Aufbau in den Anfängen steckenblieb, war noch nicht das Zentrum von Hitlers Plänen. 1938 wurde die Münchner Öffentlichkeit »auf Befehl des Führers« mit Ausbauvorhaben konfrontiert, die jeden skeptischen Münchner wohl nur Kopfschütteln machten, während der »Völkische Beobachter« am 1. Mai enthusiastisch kommentierte: »Nicht das alte, das ludovicianische München, das wir mit Ehrfurcht betrachten und mit heißem Herzen lieben, greift der Führer mit seinen Plänen an, nein, er leistet kein Stückwerk. Er will ein Ganzes, Neues. Er wird uns einen Stadtteil bauen von einer Großzügigkeit und geschlossenen Strenge, wie es ihn bisher noch nicht gibt. Er hat für kommende Jahrzehnte und Jahrhunderte geplant und entworfen. Und wir werden uns gewöhnen müssen, ihm zu folgen, werden uns gewöhnen müssen, in größeren Dimensionen zu denken und zu empfinden, um damit unser ganzes Sein zu steigern.«

Gewöhnungsbedürftig war es freilich, was Hitler da plante. Der Hauptbahnhof sollte um etwa zweieinhalb Kilometer nach Westen verschoben werden. Diese Idee war nicht einmal neu, sondern schon in den zwanziger Jahren von den Stadtplanern diskutiert worden. Ihre Ausgestaltung aber war ganz vom totalitären Geist erfüllt, wie die Beschreibung des »Völkischen Beobachters« deutlich macht: »Zweieinhalb Kilometer lang wird, nicht unterbrochen durch Querzüge, die in Tunnels unter der Straße durchgeleitet werden, eine Prachtstraße entstehen, die vom heutigen Bahnhofsplatz, wo ein monumentales Mal der NSDAP. errichtet werden wird, an mächtigen, symmetrischen Baublökken von Hotels, Theatern für Operette und Film, einer riesigen Stadthalle und den beiden turmartig flankierenden Hochhäusern des Zentralverlags der NSDAP. und eines KdF.-Hotels vorbei zu dem repräsentativen Empfangsbau des neuen Bahnhofs mit seinen (sic!) breiten massenfassenden Vorplatz führen wird. (...) Zweieinhalb Kilometer lang wird sich der Rhythmus der Arkaden und Säulenstellungen zu beiden Seiten der doppelt geführten Prachtstraße hinziehen. Nur an einer Stelle wird er unterbrochen werden: Dort wo (...) das neue *Opernhaus* in riesigen Ausmaßen entstehen wird...«

Die neue Prachtstraße war das Herzstück von Hitlers München-Plänen. Ihre Durchführung aber wollte er keinesfalls der städtischen Regie überlassen. Auch die von Fiehler am 22. Januar 1938 eingerichtete »Sonderbaubehörde ›Ausbau der Hauptstadt der Bewegung‹« mit dem Stadtbaurat Hermann Alker an der Spitze entsprach nicht seinen Vorstellungen. Nachdem Alker mit einem Interview, das er zur Frage der künftigen U-Bahn-Trassenführung gegeben hatte, in Hitlers Augen einen Vertrauensbruch begangen hatte, mußte der Stadtbaurat im Sommer 1938 seinen Posten verlassen. »Der Führer« selbst berief Ende des Jahres einen neuen Mann: Hermann Giesler. Giesler konnte sich als »Generalbaurat« nicht nur auf außergewöhnliche Vollmachten zum Ausbau der Stadt stützen, er hatte auch das persönliche Vertrauen Hitlers, der immer wieder mit ihm die Pläne, Modelle und Maßnahmen besprach. Außerdem stand ihm eine eigene Dienststelle zur Verfügung, in der die städtebaulichen Planungen ausgearbeitet wurden.

Unter Giesler wurde das Grundkonzept der Prachtstraße erheblich modifiziert. In den Mittelpunkt seiner Konzeption einer »Ost-West-Achse« stellte er das neue Bahnhofsgebäude – eine polygonale Stahlkonstruktion mit einem Kuppeldach, die sich »wie schwebend« über der Prachtstraße erheben sollte. Hochmodern waren die Pläne, die das Verkehrswesen betrafen: Unter der »Großen Straße« war nicht nur eine U-Bahn-Trasse, sondern auch ein eigenes Parkgeschoß vorgesehen. Doch die Arbeiten in der Dienststelle des Generalbaurats waren durchaus nicht auf solche, beinahe utopisch anmutenden Repräsentationsprojekte konzentriert. Hier wurden auch umfassende Konzepte für die Verkehrsführung ebenso wie Wohnviertel und Trabantenstädte geplant.

Freilich wurde nach 1945, etwa im Bereich der Verkehrsplanung, manches wieder hervorgeholt, was die Planer in nationalsozialistischer Zeit bereits vorgedacht und entworfen, aber nicht mehr zur Durchführung gebracht hatten. Auch der U-Bahn-Bau, der 1938 begonnen worden war, kam ja schließlich in den sechziger Jahren zur Ausführung. Großspurig hatte Hitler bei seiner Rede zum »ersten Rammstoß« am 22. Mai erklärt, daß man »die Verkehrsaufgaben der Stadt nunmehr entschlossen einer großzügigen Lösung zugeführt« habe. »Und soweit kennen Sie mich: Was hier angefangen wurde, wird auch fertiggestellt!« Wie bei so vielen anderen Projekten verhinderte der Krieg aber auch die Weiterführung des U-Bahn-Baus. Die Nationalsozialisten mußten sich jetzt um vordringlichere Belange, wie Luftschutzbauten, Behelfsheime und Notunterkünfte, kümmern. Der Krieg, den sie entfesselt hatten, riß riesige Lücken in das Stadtbild Münchens. Und als der Nationalsozialismus endgültig besiegt war, da lagen Trümmer und Asche, wo die Bauten eines tausendjährigen Reiches entstehen sollten.

Mahnmal an der Feldherrnhalle, Juli 1938.
Die Nationalsozialisten begannen bald nach der Machtergreifung, ihrer »Bewegung« Denkmäler zu setzen. Als eines der ersten entstand das Mahnmal an der Feldherrnhalle, gestaltet von dem Bildhauer Kurt Schmid-Ehmen. Die große Bronzetafel, die auf der der Residenz zugewandten Seite der Feldherrnhalle aufgestellt war, nannte die Namen der beim Putschversuch von 1923 an dieser Stelle umgekommenen Hitler-Anhänger; auf der Rückseite war der Satz »Und Ihr habt doch gesiegt« zu lesen. Die darunter angebrachte kleinere Tafel war dem Andenken an die vier bei der Schießerei getöteten Polizisten gewidmet. Ein Doppelposten der SS hielt vor dem Mahnmal beständig Ehrenwache; die Passanten hatten den Arm zum sogenannten deutschen Gruß zu heben. Dieser Pflicht konnte man nur entgehen, wenn man einen Umweg durch die Viscardigasse in Kauf nahm, die deshalb im Volksmund als »Drückebergergäßchen« bezeichnet wurde. (Foto: Nortz)

Das »Braune Haus« an der Briennerstraße im Jahr 1932.
Als repräsentativen Sitz für die Reichsleitung der Partei erwarb die NSDAP Ende der zwanziger Jahre das Barlow-Palais und ließ es 1930 nach Plänen des Architekten Paul Ludwig Troost für ihre Zwecke umbauen. (Foto: Hoffmann)

Straßenbauarbeiten zur Verbreiterung des Giesinger Berges, 1934.
Die Baumaßnahme stand in Zusammenhang mit dem Durchbruch der heutigen Martin-Luther-Straße zur Tegernseer Landstraße und sollte die Verkehrsverhältnisse im Südosten Münchens verbessern. (Foto: Nortz)

Gauleiter und Innenminister Adolf Wagner beim ersten Spatenstich für den Neubau einer breiteren Donnersberger Brücke am 4. November 1933, in Anwesenheit des Zweiten Bürgermeisters Hans Küfner, des Stadtrates Christian Weber und des Ersten Bürgermeisters Karl Fiehler (von links).
Die Nationalsozialisten förderten den Ausbau der innerstädtischen Verkehrswege, um die Bauwirtschaft anzukurbeln und auf diesem Wege die Arbeitslosen von der Straße zu holen.

Bauarbeiten zur Verbreiterung der Schwanthalerstraße, 1936/37.
Die Vorgärten, die schon 1933 im östlichen Teil der Schwanthalerstraße zwischen Schiller- und Sonnenstraße aufgelassen worden waren, mußten jetzt auch im westlichen Teil einer breiteren Fahrbahn weichen. Die einstige ruhige Vorstadtstraße, in der etliche Künstler ihre Wohnsitze errichtet hatten, entwickelte sich immer mehr zur Geschäfts- und Durchgangsstraße nach Westen. Im Hintergrund ist der Turm der St.-Matthäus-Kirche in der Sonnenstraße zu sehen, die 1938 abgerissen wurde. (Foto: Valérien)

◁ Bauarbeiten an der Äußeren Prinzregentenstraße hinter dem Friedensengel, 1937.
Die Prinzregentenstraße sollte als Ausfallstraße zu dem im Bau befindlichen neuen Münchner Flughafen, zu den Pferderennplätzen Riem und Daglfing und zu einem geplanten, jedoch nie verwirklichten Großstadion in Riem ausgebaut werden.

Frauen beim Steineklopfen an der Baustelle Sophien-/Ecke Arcisstraße (heute Meiserstraße), 1937.
Hier wurden die einstigen Wohnhäuser abgebrochen, um dem Neubau der Dienststelle des »Oberfinanzpräsidenten«, der heutigen Oberfinanzdirektion, Platz zu machen. (Foto: Nortz)

Blick vom Rosenheimer Berg hinunter zur Ludwigsbrücke im Frühjahr und im Herbst 1935, vor und nach der Verbreiterung der Fahrbahn.
Auf der ersten Aufnahme verdeckt noch das bereits geräumte, aber noch nicht abgerissene Gebäude Zweibrückenstraße 37/39 den Blick auf das Müllersche Volksbad, von dem nur der Turm zu sehen ist. Die verbreiterte Straßenführung sollte das höhere Verkehrsaufkommen, mit dem auf der Zufahrt zur neuen Reichsautobahn München–Salzburg gerechnet werden mußte, aufnehmen. (Fotos Schwertl)

Grundsteinlegung zum Neubau der Ludwigsbrücke über den inneren und äußeren Isararm, 27. Mai 1935.
Gleichzeitig mit der Verbreiterung des Rosenheimer Berges wurde der Neubau der Ludwigsbrücke in Angriff genommen. Sowohl bei der Grundsteinlegung als auch bei der Einweihung, an der im November 1935 Hitler teilnahm, wiesen die Festredner auf die Bedeutung der Ludwigsbrücke als Streckenabschnitt des Marsches auf die Feldherrnhalle von 1923 hin. (Foto: Huhle)

Enthüllung des Freikorps-Denkmals am Giesinger Berg, 3. Mai 1942.
Ein erinnerungswürdiges historisches Ereignis für die Nationalsozialisten war der Einmarsch des Freikorps in München Anfang Mai 1919, durch den die kurzzeitig hier etablierte kommunistische Räteregierung beseitigt und die Revolution in Bayern beendet wurde. Den Freikorps ein Denkmal zu setzen war schon Thema eines Stadtratsbeschlusses von 1933, zumal ja einer der populärsten Freikorpsführer von damals, Ritter von Epp, bei der Machtergreifung zum Reichskommissar in Bayern ernannt worden war. Die Fertigstellung des Denkmals zögerte sich dann bis 1942 hinaus, da die ersten Entwürfe für den zunächst vorgesehenen Standort in Ramersdorf keine befriedigenden Ergebnisse brachten. Erst 1938 fiel die Entscheidung zugunsten des Standortes am Giesinger Berg, und Hitler genehmigte die dazu vorgelegten Pläne des Bildhauers Ferdinand Liebermann. Links und rechts von der über sieben Meter hohen Gestalt, die mit der Hand eine Schlange tötet und – laut zeitgenössischer Presse – dadurch den »wiedererwachten deutschen Kampf gegen die Giftschlange der Zersetzung und des Verfalls« versinnbildlicht, waren je vier wappenartige Freikorps-Embleme und die Namen der 22 beteiligten Freikorps angebracht. (Foto: Nortz)

Modell für das »Denkmal der Bewegung« an der geplanten Ost-West-Achse in München, nach dem Entwurf des Architekten Albert Speer.
Dieses Denkmal sollte auf dem Platz des heutigen Hauptbahnhofes entstehen, als östlicher Abschluß der neuen Prachtstraße, die infolge der Verlegung des Bahnhofs nach Laim an die Stelle der bisherigen Gleisanlagen treten sollte. Bei den ursprünglichen Planungen legte man für das Denkmal eine Gesamthöhe von über 200 Metern fest. Der Sockel hätte eine 300×340 Meter große Fläche eingenommen und sich damit zwischen der Arnulf- und der Bayerstraße, der Luitpoldstraße und dem Starnberger Bahnhof erstreckt. Die auf dem Modell angedeuteten Reliefs sollten Ereignisse aus der »Kampfzeit« der Nationalsozialisten vor 1933 überliefern. Man dachte, im Jahr 1946 mit der Errichtung des Denkmals beginnen zu können.

Am Königlichen Platz, November 1936.
Die nächtliche Aufnahme läßt erkennen, wie gut der Name »Plattensee« paßte, den die Münchner dem Königsplatz nach seiner Umbenennung und Umgestaltung zu einem Aufmarschplatz gaben. Im Original und im Spiegelbild zu sehen sind einer der beiden Ehrentempel, die nun den östlichen Abschluß des Platzes bildeten, und der Verwaltungsbau der NSDAP. »Monumental«, »gigantisch«, »heroisch«, »ewig deutsch«, »nordisch«, »harmonisch klar«..., dies sind nur einige der Adjektive, mit denen die neue Architektur und der dadurch gewonnene Platzeindruck in zeitgenössischen Veröffentlichungen beschrieben wurden.

Besucher in einem der Ehrentempel, in dem die Eisensärge für die sogenannten Blutzeugen der Bewegung zu sehen sind, 1936.
Die sterblichen Überreste der 1923 getöteten Putschisten waren nach der Fertigstellung der Ehrentempel am 9. November 1935 feierlich von den bisherigen Gräbern hierher überführt worden. Die Särge trugen die Aufschrift »Der letzte Appell« und die Namen der Toten. (Foto: Nortz)

Abbruch der Reichsbank an der Ludwigstraße, Ecke Von-der-Tann-Straße, Mai 1937.
Anstelle der kurz nach 1900 errichteten Reichsbank sowie der südlich daran anschließenden Bürgerhäuser wurde ein Bauplatz für das geplante Zentralministerium der bayerischen Regierung freigeräumt. Zwischen der Von-der-Tann- und der Galeriestraße entstand in der Folgezeit ein einziger massiver Baublock, entworfen von Professor Fritz Gablonsky. Um schließlich der Reichsbank eine neue Münchner Hauptstelle errichten zu können, rissen die nationalsozialistischen Stadtplaner das von Klenze erbaute Herzog-Max-Palais schräg gegenüber auf der Westseite der Ludwigstraße ab. (Foto: Nortz)

Spaziergängerinnen auf den Stufen zum Haus der Deutschen Kunst, Mai 1937.
Der Bau eines neuen Kunstausstellungsgebäudes für München war als Ersatz für den im Juni 1931 abgebrannten Glaspalast notwendig geworden. Mit den Planungen hatte man bereits vor der Machtergreifung begonnen; Hitler beeinflußte sie jedoch maßgeblich, legte den zukünftigen Standort fest und beschleunigte das Verfahren, indem er Paul Ludwig Troost mit dem Entwurf beauftragte. Noch im Jahr 1933, am 16. Oktober, konnte der Grundstein gelegt werden; 1937 folgte die Einweihung mit den großangelegten Feiern zum Tag der Deutschen Kunst. Die auf dem Foto sichtbare Freitreppe wurde 1971 entfernt.
(Foto: Schlott)

Straßenbauarbeiten zur Verbreiterung der Von-der-Tann-Straße, Ende Februar 1937.
Die Von-der-Tann-Straße sollte in ihrem östlich der Ludwigstraße gelegenen Abschnitt als Zufahrtsstraße zum Haus der Deutschen Kunst und als Teil der Ost-West-Hauptachse durch die Stadt ausgebaut werden. Die Häuserflucht an der Südseite, angefangen von den westlichen Anbauten an das Prinz-Karl-Palais bis zur Reichsbank an der Ludwigstraße, wurde abgebrochen. In der Häuserfront an der nördlichen Seite der Von-der-Tann-Straße ist noch die einzigartige Jugendstilfassade des einstigen Foto-Ateliers »Elvira« zu erkennen. Am 1. Juli 1937 erhielt die damalige Besitzerin des Gebäudes einen Eilbrief der Lokalbaukommission mit dem Auftrag, »die häßliche, im Straßenbild sehr störend wirkende Fassade … bis spätestens 10. Juli 1937 derart abzuändern, daß unter Beseitigung der bisherigen Verzierung ein glatter Wandputz hergestellt und mit neuem Anstrich versehen wird.« Bis zum Festzug zur Eröffnung des Hauses der Deutschen Kunst am 18. Juli 1937 war die Anordnung ausgeführt. (Foto: Nortz)

Der Architekt Paul Ludwig Troost mit dem Modell für das Haus der Deutschen Kunst, 1933.
Hitler schätzte Troost als »den größten Baumeister seit Schinkel« und ließ sich von der neoklassizistischen, starren und leblosen Monumentalität seiner Werke beeindrucken. Bevor Troost 1930 den Auftrag zum Umbau des »Braunen Hauses« bekam, hatte er hauptsächlich Innenausstattungen für Luxusdampfer der Norddeutschen Lloyd entworfen. Nach der Machtergreifung erhielt er die Planungsaufträge für die ersten Bauten des Dritten Reiches. Durch seinen frühen Tod im Januar 1934 erlebte er deren Ausführung nicht mehr. Sein Mitarbeiter Leonhard Gall und seine Frau Gerdy Troost betreuten die Baumaßnahmen. (Foto: Hoffmann)

Hitler und der Architekt Hermann Giesler (links) bei der Betrachtung von architektonischen Planzeichnungen; undatierte Aufnahme.
Hermann Giesler war im Dezember 1938 zum Generalbaurat für die »Hauptstadt der Bewegung« ernannt worden und unterstand in dieser Funktion – ähnlich wie Albert Speer in Berlin – Hitler direkt. »Glauben Sie, daß jemals eine Ludwigstraße entstanden wäre, wenn man es damals den Münchener Bürgern und den sonstigen Institutionen der Stadt freigestellt hätte, zu bauen, wie sie wollten?!« (Domarus, S. 865.) Mit dieser rhetorischen Frage, gestellt anläßlich des Baubeginns für die U-Bahn in München, begründete Hitler seine starke Einflußnahme auf die Stadtplanung. Noch in den Jahren 1944 und 1945, als der militärische Zusammenbruch des Deutschen Reiches schon unmittelbar bevorstand, fanden derartige »architektonische Fachgespräche« zwischen Hitler und Giesler über die jetzt gänzlich zur Utopie gewordenen Ausbaupläne statt.
(Foto: Hoffmann)

Modell des neuen Opernhauses für München, Aufnahme vom Dezember 1938. Das Opernhaus, dessen Modell den Münchnern auf der 2. Deutschen Architektur- und Kunsthandwerkausstellung im Haus der Deutschen Kunst vorgestellt wurde, sollte einen der architektonischen Höhepunkte der neuen Prachtstraße bilden. Um die Bedeutung des Bauwerks zu betonen, sollte es nicht direkt von der Straße, sondern von einem über das normale Straßenniveau erhöhten Freiplatz zugänglich sein. Den Entwurf hatte der Architekt Waldemar Brinkmann geliefert. (Foto: Huhle)

Modell des Sparkassenneubaus gegenüber der Heilig-Geist-Kirche im Tal, nach einem Entwurf des Stadtbauamtes, ausgestellt auf der 2. Deutschen Architektur- und Kunsthandwerkausstellung im Haus der Deutschen Kunst, Dezember 1938. Der Erweiterungsbau zum Stadtsparkassengebäude in der Sparkassenstraße sollte das ganze Areal bis zur parallel verlaufenden Maderbräustraße und bis zum Tal einnehmen. Bei dieser Gelegenheit sollte der verkehrshindernde Engpaß im Tal vor dem Alten Rathaus beseitigt werden, indem man die Baulinie zwischen Maderbräu- und Sparkassenstraße um einige Meter zurückversetzte. Der Sparkassenneubau kam in modifizierter Form erst nach dem Zweiten Weltkrieg zur Ausführung; im Zuge der Planungen wurde jedoch schon 1938 das Eckhaus zur Maderbräustraße, das sogenannte Meteck oder Gautschhaus, abgerissen. (Foto: Huhle)

Richtfest zum Neubau des Luftgaukommandos an der Prinzregentenstraße gegenüber vom Bayerischen Nationalmuseum, 12. Mai 1937.
Die nationalsozialistischen Stadtplaner zerstörten mit der Errichtung dieses Verwaltungsgebäudes für die Luftwaffe (Architekt German Bestelmeyer) ein städtebauliches Ensemble aus der Zeit um die Jahrhundertwende: die gartenähnliche Anlage vor dem Nationalmuseum, die der Prinzregentenstraße bis dahin einen sehr aufgelockerten Charakter verliehen hatte. Hans-Peter Rasp bewertet diesen Eingriff als »Beginn einer Versteinerung der Prinzregentenstraße« (S. 61).

Heimatbahnhof des Reichsautozuges Deutschland an der Soyerhofstraße, April 1937.
Der in München stationierte Reichsautozug Deutschland umfaßte verschiedene Fahrzeuge und Anhänger, die mit technischen Einrichtungen ausgestattet waren und im ganzen Reich zur Unterstützung von Großkundgebungen eingesetzt wurden. Durch mobile Stromerzeugung konnten weite Gelände mit Hilfe von Scheinwerfern beleuchtet und über Großlautsprecher beschallt werden; ein Bauzug für Tribünen- und andere Schnellbauten war angeschlossen; eine Fernsprechzentrale mit Hunderten von Anschlüssen konnte innerhalb kurzer Zeit installiert werden. Der Reichsautozug Deutschland war zusammen mit dem Hilfszug Bayern, der bei den Veranstaltungen mobile Großküchenanlagen bereitstellte, auf dem Gelände der Reichszeugmeisterei an der Tegernseer Landstraße untergebracht. (Foto: Huhle)

Abbruch der St.-Matthäus-Kirche, Juni 1938.
Der Abbruch der evangelischen Bischofskirche und ältesten protestantischen Kirche Münchens wurde mit ihrem verkehrsbehindernden Standort in der Mitte der Sonnenstraße begründet. Die Nationalsozialisten zogen mit dieser Entscheidung den Zorn der evangelischen Kirchengemeinde auf sich. Demonstrativ hatten sich am Vorabend des angekündigten Termins die Gemeindemitglieder zahlreich zu einem letzten feierlichen Gottesdienst eingefunden. Der Beginn der Abbrucharbeiten noch in der gleichen Nacht geschah in einer äußerst emotionsgeladenen Atmosphäre. Als Ersatzkirchenraum stand zunächst der Weiße Saal in der ehemaligen Augustinerkirche in der Neuhauser Straße zur Verfügung. Erst nach dem Zweiten Weltkrieg – in den fünfziger Jahren – entstand der Neubau am Sendlinger-Tor-Platz. (Foto: Nortz)

Münchner Hauptsynagoge mit ihrem Eingang an der Herzog-Max-Straße, kurz vor dem Abbruch im Juni 1938.
Für den Abbruch der erst im Jahr 1887 fertiggestellten Hauptsynagoge machten die Nationalsozialisten vordergründig ebenfalls verkehrstechnische Gründe geltend. Keinen Zweifel lassen die Quellen und Zeitzeugenberichte aber daran, daß nicht nur die Münchner Nationalsozialisten, sondern auch Hitler persönlich sich an der städtebaulich exponierten Lage und der großzügigen und repräsentativen architektonischen Ausgestaltung des Bauwerks störten, die Entscheidung also im Zusammenhang mit den Diskriminierungsmaßnahmen gegen die Juden zu sehen ist. Am 8. Juni 1938 wurden die Mitglieder der jüdischen Gemeinde von dem »Befehl des Führers«, die Synagoge abzubrechen, in Kenntnis gesetzt; am Tag darauf begann das Zerstörungswerk. Offiziell kauften das Bayerische Innenministerium und die Stadt München die Synagoge sowie die dazugehörigen Verwaltungsgebäude an der Herzog-Max-Straße der jüdischen Gemeinde ab, allerdings zu einem lächerlich geringen Preis, der nicht einmal dem Wert der Grundstücke gerecht wurde. Eine provisorische Unterkunft fand die jüdische Gemeinde im Rückgebäude eines Häuserblocks an der Lindwurmstraße, wo sie einen Betsaal und Büroräume unterhielt, bevor durch die Deportationen ihre Existenz erlosch.

Erste Fahrt eines Autobusses der neuen Linie A6 über den Marienplatz, 5. November 1934.
Auch die Umsetzung bürgerfreundlicher Stadtratsbeschlüsse ließen die Nationalsozialisten nicht ohne pompöse Inszenierung über die Bühne gehen. So feierten sie die Inbetriebnahme einer Autobuslinie, die tagsüber die Trambahnen ersetzen und dadurch den starken Verkehr in der Altstadt entlasten sollte.
(Foto: Valérien)

Erste Bauarbeiten für die geplante U-Bahn in der Lindwurmstraße/Ecke Rothmundstraße, Mai 1938. Die Bauarbeiten zu diesem für München innovativen Verkehrsprojekt, dessen Planung durch das neue Eisenbahnkonzept mit der Verlegung des Hauptbahnhofes erforderlich schien, begannen am 22. Mai 1938 in Anwesenheit Hitlers. Dreieinhalb Jahre später wurden die Arbeiten unvollendet eingestellt; der schon im Rohbau fertiggestellte Bahnhof am Goetheplatz konnte immerhin als Luftschutzraum dienen. (Foto: Nortz)

Volksschule in Harlaching, Mai 1936.
Den in den Jahren 1934/35 errichteten Schulbau und die Straße, an der die Schule lag, benannte der nationalsozialistische Münchner Stadtrat nach Hans Schemm, dem ersten bayerischen Kultusminister nach der Machtübernahme. Hans Schemm, ein »alter Kämpfer« und Parteimitglied seit 1923, war im März 1935 bei einem Flugzeugunglück ums Leben gekommen. 1945 wurde die Hans-Schemm-Straße wieder in Rotbuchenstraße umbenannt, deren Namen nun auch die Schule trägt.

Erweiterungstrakt für das Krankenhaus rechts der Isar im Rohbau, Februar 1941.
Die Aufnahme zeigt die sich verändernde bauliche Situation in den alten Herbergengebieten von Haidhausen. Der Krankenhausneubau entstand während des Krieges anstelle der von der Stadt aufgekauften einstigen Herbergen an der Oberen Feldstraße. Im Vordergrund sind die noch bestehenden Herbergenhäuser In der Grube 27, 28 und 29 zu sehen. (Foto: Meyer)

Hitlerjugend-Heim in den alten Häusern am Mariahilfplatz 4 und 5, 1934.
Trotz wiederholten Drängens der HJ-Gebietsführung kam der Bau von HJ-Heimen in München nur sehr zögerlich voran. Als Zwischenlösung dienten Unterkünfte, die man in verschiedenen Gebäuden anmietete und die in vielen Fällen zu festen Einrichtungen wurden. Für die Ortsgruppe Au entstand 1937 ein neues Heim an der Frühlingstraße. 1941 gab es in München erst sechs HJ-Heime und 220 angemietete oder umfunktionierte Unterkünfte. (Foto: Fischer)

Die Partei organisiert den Alltag

»Die Volksgemeinschaft« – mit dieser Parole traten die Nationalsozialisten an, um die Gesellschaft nach ihren Zielen auszurichten, denn ihrem totalitären Anspruch genügte keineswegs die Gleichschaltung der politischen Organisationen. Alle »Volksgenossen« sollten sich in den neuen Aufbau des Reiches einfügen. Vereine, Interessengruppen, traditionelle Milieubindungen standen diesem Ziel im Weg und wurden deshalb bekämpft. München machte da keine Ausnahme, die »Volksgemeinschaft« kannte keinen Partikularismus und keine bayerische »Extrawurst«. Allenfalls machte man sich die lokalen Traditionen zunutze und funktionierte sie im eigenen Sinn um: Das Eintopfessen auf dem Oktoberfest (S. 82) gibt ein lebendiges Bild von solcher Instrumentalisierung.

Obwohl die »Volksgemeinschaft« vielfach zu Recht als bloße Parole, als immer wieder beschworene Leerformel der nationalsozialistischen Führung empfunden wurde, gelang es doch, in ihrem Namen die Gesellschaft zu mobilisieren. Denn die hinter dem Begriff stehenden Integrationsangebote versprachen den »Volksgenossen«, den Alltagstrott abzulösen, verkrustete Strukturen aufzubrechen und die Gesellschaft unter nationalen Idealen zusammenzuführen. Besonders konnte sich die Jugend von solch neuer Mobilität angesprochen fühlen. Hier schienen sich Wege aufzutun, den traditionellen Autoritätsinstanzen Elternhaus und Schule zu entfliehen. Unter dem Sog des Gemeinschaftserlebens war man sogar bereit, dafür neue Autoritäten in Kauf zu nehmen, sich in strenge Disziplin einzuordnen, um am vielbeschworenen Aufbau des Deutschen Reiches mitzuwirken. Die Hitlerjugend (HJ) verschaffte den Heranwachsenden das Gefühl einer gemeinsamen Identität und versprach Abwechslung vom Schulalltag. Lagerleben und Abenteuerromantik, damit wurden schon die Kinder geworben. Und mancher kleine Junge mag seine Eltern bedrängt haben, bei den Pimpfen eintreten zu dürfen, damit sich bald sein Traum verwirklichte, auch einmal auf Fahrt zu gehen und im Zelt zu schlafen.

Die Nationalsozialisten erkannten genau, was für ein Potential gerade in den Kindern steckte. Hier konnte ihre weltanschauliche Indoktrination auf den fruchtbarsten Boden fallen, denn die Kinder hatten noch keine Vergleichsmöglichkeiten, kannten nicht wie ältere Jugendliche etwa die Jugendbewegung der Weimarer Republik. Geschickt wurde schon den Zehnjährigen klargemacht, daß es etwas Besonderes war, »Pimpf« zu sein, gewissermaßen der erste Schritt, um sich aus der Welt der Kinder herauszulösen. Und tatsächlich entzog ja die Mitgliedschaft beim Jungvolk den Eltern bereits einen Teil ihres Einflusses, ihr Kind wurde in die von den Nationalsozialisten organisierte »Volksgemeinschaft« eingeordnet. Zu welch pervertierter Auffassung von Kindheit der Totalitätsanspruch des nationalsozialistischen Volksgemeinschaftsdenkens führte, macht ein Satz aus Baldur von Schirachs Buch über die Hitlerjugend deutlich. Hier formuliert der Reichsjugendführer (S. 87): »Mit ›Kinder‹ bezeichnen wir die nicht uniformierten Wesen niedriger Altersstufen, die noch nie einen Heimabend oder einen Ausmarsch mitgemacht haben.«

Es ist kennzeichnend für den Charakter des Nationalsozialismus, daß er sich keineswegs auf die Werbekraft der »Volksgemeinschaft« und ihrer Institutionen verließ, sondern Zwangsinstrumente schuf. Die Hitlerjugend etwa wurde durch ein Gesetz vom 1. Dezember 1936 praktisch zur Staatsjugend erhoben und ihr Monopolanspruch in den Paragraphen 1 und 2 in folgende Worte gekleidet:

»Die gesamte deutsche Jugend ist in der Hitler-Jugend zusammengefaßt.

Die gesamte deutsche Jugend ist außer in Elternhaus und Schule in der Hitler-Jugend körperlich, geistig und sittlich im Geiste des Nationalsozialismus zum Dienst am Volk und zur Volksgemeinschaft zu erziehen.«

Zwar hielt der Reichsjugendführer Baldur von Schirach formal noch am Prinzip des freiwilligen Beitritts fest, doch verstärkte die HJ in der folgenden Zeit ihre Anstrengungen, die heranwachsenden Jahrgänge möglichst vollständig zu erfassen, so daß die Maschen des Netzes immer enger wurden. Mit der zweiten Durchführungsverordnung zum Hitlerjugend-Gesetz vom 25. März 1939 wurde der »Jugenddienst« zur Pflicht erhoben: »Alle Jugendlichen vom 10. bis zum vollendeten 18. Lebensjahr sind verpflichtet, in der Hitler-Jugend Dienst zu tun...«

Und an gleicher Stelle wurde nochmals der Organisationsaufbau festgeschrieben, der bereits seit 1933 galt: Die Jungen zwischen 10 und 14 Jahren gehörten in das »Deutsche Jungvolk«, die gleichaltrigen Mädchen in den »Jungmädelbund«. Im Alter von 14 bis 18 Jahren mußten die Jungen schließlich in der »Hitlerjugend« im engeren Sinn Dienst tun, während für die Mädchen der »Bund Deutscher Mädel« (BDM) zuständig war. Seit Juni 1938 gab es angegliedert an den BDM das Werk »Glaube und Schönheit«, in dem die älteren Mädchen zwischen 17 und 21 Jahren in Arbeitsgemeinschaften, so für Hauswirtschaft, Gymnastik und Sport, Volkstumskunde und Luftschutz, organisiert wurden.

Der Dienst in der Hitlerjugend stand unter den nationalsozialistischen Prinzipien von »Lockung und Zwang«. Bewußt wurde an den Wunsch Jugendlicher nach Bestätigung, nach Anerkennung in der Gemeinschaft und Bewährung bei Herausforderungen appelliert. Ein ausgedehntes Wettkampfsystem, das vom Berufsleben (Reichsberufswettkämpfe) bis zum Sport (Reichssportwettkämpfe) reichte, wurde institutionalisiert und gewann zunehmend Teilnehmer. Überhaupt rückte die körperliche Ertüchtigung in der HJ sehr stark in den Vordergrund, während die geistige Ausbildung vor allem in »weltanschaulicher Schulung« bestand. Dafür gab es den allwöchentlichen »Heimabend« (in der Regel mittwochs), bei dem die nach nationalsozialistischer Ideologie zurechtgezimmerten Geschichtsbilder und politischen Zeitfragen abgehandelt wurden. Weniger diese Heimabende als vielmehr die Wochenend- und Ferienfahrten kamen dem Bedürfnis nach Abwechslung vom Alltag und neuen Erfahrungen entgegen. Allerdings hatte die bis ins Detail ausgearbeitete Lagerordnung, die einen durchgeregelten Tagesablauf vorsah, nichts mit den freien Fahrten zu tun, wie sie etwa in der Wandervogelbewegung schon lange populär waren. »An die Stelle der wandernden Horde trat die marschierende Kolonne«, urteilt Klönne (S. 57). Paramilitärische Übungen, Märsche, Geländekampfspiele und Appelle bestimmten den Alltag im HJ-Lager.

Was im Lager erprobt wurde, war weit mehr als nur Spiel, es gehörte bereits zum Kalkül des Regimes, die Jugend von Anfang an mit in die Kriegsvorbereitungen einzubeziehen. Die Empfänglichkeit für nationalistisches Gedankengut wurde dabei bewußt ausgenützt. So mag manchem Jugendlichen die Parole über dem HJ-Hochlandlager – »Wir sind zum Sterben für Deutschland geboren« – nur als Ausdruck seiner Bereitschaft erschienen sein, sich ganz in den Dienst der Nation zu stellen. In Wahrheit aber waren Hitler und seine Gefolgsleute tatsächlich gewillt, die Jugend für ihre wahnwitzigen Eroberungspläne zu opfern.

Zur Wehrerziehung in der HJ gehörten auch Besuche bei der Wehrmacht, die bei den Jungen altersgemäß großen Anklang fanden. Die Sopade berichtet 1936 darüber (3. Jg., 1936, S. 186): »In München werden die Hitlerjungen in Abteilungen für einen Tag in die Kasernen eingeladen. Dort sollen sie Interesse für das Tagewerk des Soldaten bekommen. Daß die Jungen dabei mit Jubel mitmachen, ist verständlich. Sie dürfen reiten, am Maschinengewehr hantieren, mit Gewehren exerzieren usw. Sie essen mit aus der Feldküche. Mit hellster Begeisterung kommen die Buben aus der Kaserne und bringen Schwung in die ganze Familie.« Die vormilitärische Erziehung in der HJ wurde nach und nach immer weiter ausgedehnt. Im »Schieß- und Geländedienst« wollte man die gesamte männliche Jugend ausbilden; daneben gab es aber Sondereinheiten für die ältere HJ, die sich besonders eng an den Militärdienst anlehnten: Motor-HJ, Nachrichten-HJ und Flieger-HJ hatten auch in München Standorte. Sogar die Marine-HJ verfügte über eine Münchner Abteilung, die ihre Übungen auf den umliegenden Seen abhielt.

So wie zur Wehrmacht unterhielt die HJ auch zu den NS-Organisationen intensive Beziehungen, etwa zur SS, die sich vor allem im HJ-Streifendienst eine sichere Rekrutierungsbasis aufbauen wollte. Für die Partei war die HJ die erklärte Nachwuchsorganisation. Wer sich als BDM-Führerin oder als HJ-Führer bewährt hatte, konnte sich seiner nachfolgenden Parteikarriere sicher sein. Doch auch für die große Masse der Jugendlichen war die NS-Sozialisation mit dem Abschluß der HJ-Zeit nicht einfach beendet. Denn schließlich wollten die Nationalsozialisten die Früchte ihrer jugenderzieherischen Arbeit ernten. Wer durch die HJ gegangen war, sollte den vorgezeichneten Weg nicht mehr verlassen. Ein vernetztes System von Verpflichtungen zum Dienst an der Gemeinschaft fing die jungen Erwachsenen auf. Neben dem wirtschaftlichen und rüstungspolitischen Zweck dienten diese Einrichtungen vor allem der Sozialisation und Erziehung. Für junge Männer galt seit 1935 eine sechsmonatige Arbeitsdienstpflicht, danach folgte der zweijährige Wehrdienst. Wollte man studieren, war der Arbeitsdienst schon seit 1934 obligatorisch, mit Beginn des Krieges setzte man die Arbeitsdienstpflicht für ledige Frauen durch. Schon zuvor, am 15. Februar 1938, war für junge Frauen das Pflichtjahr in der Haus- oder Landwirtschaft eingeführt worden. Wurde es zunächst nur für einige Berufszweige als Voraussetzung verlangt, mußten seit dem Beginn des Jahres 1939 alle Frauen bis zu 25 Jahren das Pflichtjahr ableisten. Landjahr und hauswirtschaftliches Jahr waren weitere Einrichtungen, in denen man wirtschaftspolitische Zwecke und erzieherische Maßnahmen verknüpfte.

In nicht zu übertreffender Deutlichkeit brachte Hitler selbst bei einer Rede in Reichenberg am 2. Dezember 1938 zum Ausdruck, daß man die Jugend vom zehnten Lebensjahr bis weit in das Erwachsenenalter hinein in die Obhut des NS-Staates zu nehmen gedachte und auch danach nicht mehr freigeben wollte (Jahnke/Buddrus, S. 155):

»Diese Jugend, die lernt ja nichts anderes als deutsch denken, deutsch handeln, und wenn diese Knaben mit zehn Jahren in unsere Organisation hineinkommen und dort zum ersten Male überhaupt eine frische Luft bekommen und fühlen, dann kommen sie vier Jahre später vom Jungvolk in die Hitlerjugend, und dort behalten wir sie wieder vier Jahre, und dann geben wir sie erst recht nicht zurück in die Hände unserer alten Klassen- und Standeserzeuger, sondern dann nehmen wir sie sofort in die Partei, in die Arbeitsfront, in die SA oder in die SS, in das NSKK und so weiter. Und wenn sie dort zwei Jahre oder anderthalb Jahre sind und noch nicht ganze Nationalsozialisten geworden sein sollten, dann kommen sie in den Arbeitsdienst und werden dort wieder sechs und sieben Monate geschliffen, alles mit einem Symbol, dem deutschen Spaten. Und was dann nach sechs oder sieben Monaten noch an Klassenbewußtsein oder Standesdünkel da oder da noch vorhanden sein sollte, das übernimmt dann die Wehrmacht zur weiteren Behandlung auf zwei Jahre, und wenn sie nach zwei, drei oder vier Jahren zurückkehren, dann nehmen wir sie, damit sie auf keinen Fall rückfällig werden, sofort wieder in die SA, SS und so weiter, und sie werden nicht mehr frei ihr ganzes Leben!«

Im inszenierten Alltag des Nationalsozialismus spielte die HJ als Symbol des »jungen« Charakters der Bewegung eine wichtige Rolle bei den zahllosen Veranstaltungen der Partei. Weitere Betätigungsfelder lagen in der Erntehilfe, in sozialer Tätigkeit und vor allem in dem ausgedehnten Sammelwesen, das geradezu als ein Wesenszug der nationalsozialistischen Zeit bezeichnet werden kann. Unter den vielen wohltätigen Zwecken – von der Arbeitsbeschaffungslotterie bis zur Hitler-Freiplatzspende für »alte Kämpfer« –, für die »Opfer« erbracht werden sollten, beanspruchte das »Winterhilfswerk des Deutschen Volkes« eindeutig einen privilegierten Platz. Unter Propagandatiteln wie »Keiner soll hungern, keiner soll frieren« wurden hier Geldspenden, aber auch Kleider, Lebensmittel, Brennstoffe etc. für bedürftige »Volksgenossen« – freilich nicht für die erklärten »Gemeinschaftsfremden« – gesammelt. Von Jahr zu Jahr steigerten die Nationalsozialisten ihre Anstrengungen, um das Spendenaufkommen in immer höhere Dimensionen zu treiben. Lag etwa 1934/35 die Gesamtsumme der Winterhilfswerksammlungen im Stadtbezirk München noch knapp unter der Grenze von 1 Million Reichsmark, wurde 1936/37 bereits die 1,5 Millionen-Marke überschritten. Überall wurden die »Volksgenossen« zur Kasse gebeten. Sei es, daß die Beiträge zum Winterhilfswerk gleich vom Lohn abgezogen wurden, sei es, daß Würdenträger der Partei oder kommunale Größen am »Tag der nationalen Solidarität« mit der Sammelbüchse umherzogen. Außerdem stellte die Hitlerjugend eine große Zahl an Helfern bereit, die Geldspenden genauso wie Sachwerte an jeder Straßenecke und an jeder Haustür einsammelten. Dementsprechend waren die propagandistisch herausgestellten Erfolge des Winterhilfswerks, das jedes Jahr von Hitler persönlich eröffnet wurde. Besonders im Krieg dienten die Ergebnisse der Sammlungen dazu, den Zusammenhalt des deutschen Volkes nach außen zu demonstrieren. Und tatsächlich war ja eine Summe von reichsweit fast 1,6 Milliarden Reichsmark, die 1942/43 erreicht wurde, ein spektakulärer Ertrag (Hansen, S. 37). Allerdings können Manipulationen und Fälschungen bei diesen Ergebnissen nicht ausgeschlossen werden, ebensowenig wie heute herauszufinden ist, wieviel von diesen Werten tatsächlich den Bedürftigen zugute kam. Auch halfen die Verantwortlichen zum Teil kräftig nach, um das Spendenaufkommen zu steigern. Relativ harmlos war noch der untergründige Druck, der über die Verteilung von Abzeichen und Plaketten ausgeübt wurde, wie es die Sopade-Berichte in einem beispielhaften Fall überliefern (2. Jg., 1935, S. 1424): »In einem Münchner städtischen Amt wird die Praxis gehandhabt, daß Vorsprechenden nur dann an Sammeltagen eine Auskunft gegeben wird, wenn sie das Zeichen der Winterhilfe tragen.«

Aber es gab auch härtere Sanktionen gegen Spendenunwillige. So setzte die Gauleitung München-Oberbayern am 14. Januar 1939 den Bezirksinnungsmeister des Elektro-Handwerks in Kenntnis, daß Elektromeister B. aus München »städtische und ähnliche Aufträge entzogen« werden sollten. B. habe bei Eintopfsammlungen Spenden verweigert und »sich mit der Verweigerung der Spende aus der Volksgemeinschaft« ausgeschlossen. Erschwerend kam hinzu, daß er »nie mit dem ›Deutschen Gruß‹ grüßt, was bei seinem Verkehr in früheren kommunistischen Kreisen nicht weiter verwunderlich« sei (StaatsA Mü, NSDAP 152). Um die Eintopfspende, die man später Opfersonntag nannte, wurde stets ein erheblicher propagandistischer Rummel veranstaltet. An einem Sonntag im Monat sollte ein einfaches Mittagessen, sowohl auf dem heimischen Herd als auch in den Gaststätten, zubereitet werden, und die Differenz zu einem gehobeneren Sonntagsmahl sollte dem Winterhilfswerk zugute kommen. Noch härtere Konsequenzen als der Elektromeister erfuhr eine Verwaltungsangestellte der Deutschen Arbeitsfront: Der Gaupersonalwalter der Deutschen Arbeitsfront (DAF) berichtete am 10. März 1936 in einem Brief an die Gauleitung über Maria H., daß sie bei einer Sammelaktion der DAF für das Winterhilfswerk ohne triftigen Grund ihre Mithilfe verweigert habe. Der Gaupersonalamtsleiter schrieb darauf am 18. März 1936: »Nachdem die Weigerung zur Durchführung der Sammlung einer Sabotage des Winterhilfswerks gleichkommt, ist Maria H. fristlos zu entlassen« (StaatsA Mü, NSDAP 158).

Die Spendenbereitschaft gehörte – wie der Hitler-Gruß, der Beitritt zu NS-Organisationen und Berufsverbänden oder die Teilnahme der Kinder an HJ und BDM – zu den Grundforderungen, die die Partei an die »Volksgenossen« stellte. Wer sich hier verweigerte, verließ bereits den Boden der »Volksgemeinschaft« und war in Gefahr, zum verfolgten Außenseiter zu werden. Andererseits beruhte der Zulauf, den eine Massenorganisation wie die Nationalsozialistische Volkswohlfahrt (NSV) – bei ihr lag die Durchführung des Winterhilfswerks – fand, keineswegs ausschließlich auf dem Zwangsprinzip. Vielleicht war der Beitritt zur NSV für manchen nur das »kleinste Übel«, um seine Konformität mit dem System nach außen zu bestätigen. »Die Überzeugung, sich damit sinnvoll sozial zu engagieren und im Sinne der nationalsozialistischen Propaganda durch die Mitgliedschaft einen Beitrag zur Verwirklichung der ›Volksgemeinschaft‹ zu leisten, dürfte aber weitverbreitet gewesen sein. Kaum vorstellbar ist, daß bis 1943 insgesamt 15–17 Millionen Mitglieder überwiegend nur unter Druck oder aus taktischen Erwägungen in die NSV eingetreten sind« (Hansen, S. 36).

Auch die weltanschauliche Erziehung des Nationalsozialismus, die immer wieder »das Opfer« für die Gemeinschaft in den Vordergrund rückte, dürfte ihre Wirkung getan haben. Insbesondere den Frauen wurde nahegelegt, daß sie sich der Allgemeinheit zu opfern hätten, sich ganz in den Dienst des Vaterlandes stellen müßten. Während generell außerhäusliche Frauenarbeit in den ersten Jahren des Regimes, als noch Erwerbslosigkeit herrschte, geächtet wurde, sah man in der Wohlfahrtspflege einen adäquaten Bereich weiblicher Beschäftigung. Auch die Frauenorganisationen des Nationalsozialismus – das »Deutsche Frauenwerk« und die »Nationalsozialistische Frauenschaft« – nahmen in erster Linie fürsorgerische Aufgaben wahr. Es wurden Lehrgänge für Wohlfahrts- und Krankenpflege abgehalten, Frauen strickten oder nähten für die Bedürftigen und sammelten Geld und alte Kleider für karitative Einrichtungen. Obwohl Frauenwerk und Frauenschaft in bisher ungekanntem Ausmaß Frauen zur Teilnahme bewegten und damit aus dem engen häuslichen Lebenskreis herausführten, dienten sie doch nicht der Verselbständigung und Emanzipation der Frau. Es ging vielmehr darum, auch die Frauen in das System zu integrieren und sie mit der nationalsozialistischen Ideologie vertraut zu machen. Als Ehefrauen sollten sie ihren Männern treue Gefährtinnen im Kampf für die deutsche Nation sein, als Mütter sollten sie ihre Kinder im nationalsozialistischen Geist erziehen und als Wohltätige sollten sie sich um den Zusammenhalt der »Volksgemeinschaft« bemühen.

Arbeiteten die bisher geschilderten Organisationen in München ähnlich wie überall im Reich, lag eine Besonderheit der Münchner Parteiaktivitäten in ihrem Bemühen um die »alten Kämpfer«. Sie waren in der »Hauptstadt der Bewegung« besonders zahlreich vertreten, denn hier hatte Hitler ja zu Beginn der zwanziger Jahre seine ersten Gefolgsleute um sich gesammelt. Zentrales Ereignis in der Frühphase der Partei war der Hitlerputsch von 1923, und um ihn rankte sich auch vor allem die Mythologisierung und Inszenierung der Parteigeschichte. Jährlich wurden in der »Hauptstadt der Bewegung« die Erinnerungsfeiern zum 8./9. November 1923 zelebriert. Besonders spektakulär war der Gedenktag 1935, als am Abend des 8. November die Särge der sogenannten Blutzeugen der Bewegung von den Friedhöfen geholt und in die Feldherrnhalle gebracht wurden. Am nächsten Tag marschierten die »alten Kämpfer« unter Trommelwirbel vom Bürgerbräukeller zur Feldherrnhalle. Am Rande des historischen Marschweges hatte man Feuerpylonen aufgestellt, auf denen in goldenen Lettern die Namen von »gefallenen« Anhängern der Bewegung zu lesen waren. Durch die Spaliere der Aufmarschformationen von SA, SS und anderen Verbänden geleitete man die 16 Särge dann zu den neugeschaffenen Ehrentempeln am »Königlichen Platz«, wo sie in Sarkophagen beigesetzt wurden.

Die »alten Kämpfer« spielten allerdings nicht nur für solche Inszenierungen und bei öffentlichen Anlässen eine Rolle. Die »Hauptstadt der Bewegung« und besonders ihr Personalreferent Karl Tempel war bei der Vergabe von Stellen im städtischen Dienst eifrig bemüht, viele von ihnen unterzubringen. Außerdem gab es ein eigenes Amt für den 8./9. November 1923, dessen Vorsitzender – der allmächtige Christian Weber – den Belangen der »alten Kämpfer« den richtigen Nachdruck zu verleihen wußte. Die »alten Kämpfer« prägten auf diese Weise das öffentliche Leben der »Hauptstadt der Bewegung« in erheblichem Maß mit, auch wenn einige von ihnen schon zum Zeitpunkt der Machtergreifung den Anschluß an die aktive Politik verloren hatten.

Kinder aus dem Saarland bei ihrer Ankunft am Münchner Hauptbahnhof, November 1934.
Die Nationalsozialistische Volkswohlfahrt bemühte sich mit ihrer Aktion »Kinderlandverschickung« um Erholungsplätze für Kinder. Wenn im November 1934 ausgerechnet 1000 Kinder saarländischer Bergarbeiter zum Erholungsaufenthalt bei Familien in München und Oberbayern eintrafen, so hatte dieses Unternehmen auch einen propagandistischen Zweck: Das Saarland stand seit dem Inkrafttreten des Friedensvertrages von Versailles unter der Verwaltung des Völkerbundes; die Abstimmung, durch die sich die Saarländer für oder gegen ihre künftige Zugehörigkeit zum Deutschen Reich entscheiden sollten, war für den 13. Januar 1935 anberaumt, stand also unmittelbar bevor. (Foto: Valérien)

Kinderfest im Ausstellungspark, 17. Juli 1935. (Foto: Valérien)

Spielende Kinder im Kindergarten Neu-Grünwald, September 1939.
Mit zunehmender Auslastung des Arbeitsmarktes und vor allem während des Krieges waren Frauen als Arbeitskräfte gefragt. Zur Betreuung von Kindern werktätiger Mütter unterhielt die NS-Volkswohlfahrt vermehrt eigene Kindergärten, in denen Miniatursoldaten mit Hakenkreuzfahnen wie selbstverständlich zum Spielzeug gehörten. (Foto: Nortz)

Mahnmal und Ehrenwache am Thingplatz des Lagers bei Murnau für die Hitlerjugend des Gebietes Hochland im Sommer 1934.
Mehrwöchige Zeltlageraufenthalte im Sommer waren für die HJ zu einer festen Institution geworden. Für gemeinsame Feiern und Fahnenappelle war auf dem Lagergelände nach germanischem Vorbild jeweils ein Thingplatz angelegt. 1934 wurden die Jugendlichen hier mit einem Leitspruch konfrontiert, dessen folgenschwere Bedeutung damals vermutlich den wenigsten bewußt wurde.
(Foto: Huhle)

Besichtigung der Zeltstadt auf dem Oberwiesenfeld, die für die Teilnehmer des ersten Gebietstreffens der HJ am 19./20. August 1933 errichtet worden war. Die Jungen und Mädchen aus Oberbayern und Schwaben waren in einer von 26 reichsweiten Untergruppen der HJ, dem Gebiet Hochland, zusammengefaßt. Anläßlich ihres ersten Gebietstreffens fand eine Großveranstaltung im Dantestadion statt, ein feierlicher Vorbeimarsch von Hitlerjungen und Jungvolk an der Feldherrnhalle sowie ein wesentlich bescheidener ausfallender Festzug des Bundes Deutscher Mädel. Zur Besichtigung der Zeltstadt hatten sich Oberbürgermeister Karl Fiehler, Reichsjugendführer Baldur von Schirach und HJ-Gebietsführer Emil Klein eingefunden. (Foto: Huhle)

Uniformierte BDM-Mitglieder mit Fackeln an der Bavaria anläßlich der Hitlerkundgebung zur Reichstagswahl im März 1936.

BDM-Mädchen im Lager bei Königsdorf, Sommer 1938.
Seit 1936 bestand für die Hitlerjugend des Gebietes Hochland ein fester Lagerplatz in der Nähe von Königsdorf, der den Sommeraufenthalten und Ausbildungslehrgängen von Gruppenführerinnen und -führern vorbehalten war. (Foto: Nortz)

Wandernde BDM-Gruppe beim Aufbruch aus der Stadt über die Ludwigsbrücke, Sommer 1934. (Foto: Nortz)

Propagandafahrt der »Pimpfe« durch die Stadt, 4. April 1936.
In den ersten Aprilwochen 1936 fanden im ganzen Reich Werbeaktionen statt, mit denen die Kinder des Jahrgangs 1926 zum Beitritt ins Jungvolk aufgerufen wurden. Die Aufnahmefeierlichkeiten wurden alljährlich am 20. April, an Hitlers Geburtstag, zelebriert. (Foto: Valérien)

Kundgebungen der katholischen Jugend am Königsplatz und der Hitlerjugend an der Feldherrnhalle anläßlich des Tages der Deutschen Jugend am 7. Mai 1933. Am ersten Maiwochenende 1933 fand eine Landessammlung für die Jugendpflege statt, die von der neuen nationalsozialistischen Regierung unterstützt wurde. Das Spektrum der sich beteiligenden Jugendorganisationen war noch relativ vielfältig und umfaßte die verschiedenen kirchlichen Jugendverbände, die bündische Jugend und die Hitlerjugend. Der Aufruf, den der katholische Jungmännerverband zu diesem Anlaß veröffentlichte, zeugt von dem Bemühen, nationale Interessen als eigene Ziele in den Vordergrund zu stellen und Loyalität zu den neuen Machthabern zu demonstrieren, um einer drohenden Zwangsauflösung zu entgehen: »Am Tag der nationalen Arbeit haben wir vor einer gewaltigen und begeisterten Öffentlichkeit unsere Banner in imponierender Zucht und Schneid zur gemeinsamen Kundgebung getragen. Der nächste Sonntag ruft uns erneut! Die bayerische Jugend marschiert auf zum *Ersten*

nationalen Jugendtag. In einer gemeinsamen und machtvollen Kundgebung auf dem Königsplatz wird sie (die katholische Jugend, Anm. d. Verf.) ihre Treue für Christi Reich und Deutschland aufs neue bezeugen.« (Münchener Zeitung Nr. 123 vom 5. 5. 1933). Den Fortbestand der katholischen Verbände sicherte dann Artikel 31 des im Juli 1933 abgeschlossenen Konkordats zu; faktisch wurde es für Jugendliche jedoch immer schwieriger, sich der Hitlerjugend zu entziehen: Schon 1934 wurden Doppelmitgliedschaften in der HJ und in anderen Jugendverbänden verboten; 1936 wurde der Monopolanspruch der Hitlerjugend gesetzlich verankert. Die HJ feierte den Tag der Deutschen Jugend mit mehreren Kundgebungen: Schon am Vorabend hatte sie sich am Königsplatz versammelt und beschlagnahmte »marxistische« Schriften und Bücher verbrannt.

Formation der ungarischen Levente-Jugend vor der Feldherrnhalle, 9. Juli 1934. Reichsjugendführer Baldur von Schirach förderte den internationalen Austausch mit anderen nationalistischen und faschistischen Jugendorganisationen. Schon 1933 hatten HJ-Angehörige die ungarische Staatsjugend des Horthy-Regimes besucht, die sie nun zum Gegenbesuch in Deutschland empfingen.

Nationalspanische Jugendführer bei ihrer Ankunft am Münchner Hauptbahnhof, 14. September 1937.
Die »jungspanischen Blauhemden General Francos« befanden sich auf Einladung Baldur von Schirachs auf einer Deutschlandreise, während der sie unter anderem am Reichsparteitag in Nürnberg teilgenommen hatten. (Foto: Nortz)

Italienische Jungfaschisten in der Hofgartenstraße, 26. Juli 1933.
Besonders enger Kontakt und reger Austausch bestand mit den Mitgliedern der italienischen faschistischen Jugendorganisation Balilla. Ihre Deutschlandreise im Juli 1933 begann in München, wo sie bei einem feierlichen Empfang im Thronsaal der Residenz von Hitler persönlich begrüßt wurden.

Schüler der NS-Oberschule Feldafing am Starnberger See, Juli 1935.
Eine zentrale Rolle in der nationalsozialistischen Herrschaftsideologie spielte das Führerprinzip. Dementsprechend frühzeitig – schon im Kindesalter – begann die Eliteauswahl. Die Oberste SA-Führung gründete 1934 sozusagen als eigene Kadettenanstalt die NS-Oberschule in Feldafing. Nur »allerbestes Material« sollte in den Kreis der Schüler aufgenommen werden (zitiert nach Schoenbaum, S. 326). Auf dem Lehrplan standen, neben 20 bis 25 Stunden geistiger und weltanschaulicher Bildung, vier Stunden musische Erziehung und 14 Stunden Sport. (Foto: Huhle)

Musterung der Kandidaten für die Ordensburg Vogelsang durch Reichsorganisationsleiter Robert Ley im Sitzungssaal des Neuen Rathauses, 6. April 1936.
Der Nachwuchs für die höheren Parteiämter sollte in sogenannten Ordensburgen herangezogen werden. Nach dem Vorbild gleichnamiger Einrichtungen des mittelalterlichen Deutschen Ritterordens wurden im ganzen Reich drei solcher Eliteschulen errichtet. Voraussetzung für die Aufnahme waren: »a) Bisher aktive Betätigung des Anwärters in der NSDAP. b) Volle Gesundheit und Fehlerfreiheit. c) Erbgesundheit und arische Abstammung. d) Positives Urteil des Hoheitsträgers nach Anhören des Personalamtsleiters. e) Alter 23 bis 30 Jahre. In Ausnahmefällen auch unterhalb oder oberhalb dieser Altersgrenze. Ab 26 Jahre ist Ledigenstand unerwünscht« (Organisationsbuch, S. 184). Entgegen dem durch dieses Pressebild vermittelten Eindruck hatte die Partei bald Schwierigkeiten, geeignete Führungskandidaten in ausreichender Anzahl zu finden. Auf dem Foto sind links hinter Ley der Gauleiter Adolf Wagner, rechts sein Stellvertreter Otto Nippold zu sehen. (Foto: Valérien)

Hitlerjungen zu Besuch bei der Wehrmacht, September 1935.
Die paramilitärische Ausbildung bildete einen festen Bestandteil der HJ-Veranstaltungen. Ein besonderes Vergnügen bereitete es den Jungen, bei Schießübungen mit richtigen Gewehren dabeizusein. Solche Spiele dienten der Vorbereitung auf den Kriegsdienst. (Foto: Valérien)

Hitlerjungen vor einem Plakat über den Kriegseinsatz der HJ, Sommer 1943.
Mit Kriegsbeginn wurden der HJ und darüber hinaus allen Jugendlichen ernsthaftere Aufgaben zugewiesen. Sie hatten als Flak-Helfer und als Aushilfskräfte bei den Löschtrupps der Feuerwehr Dienst zu leisten oder mußten in den lokalen Selbstschutzeinheiten die Rettungsmaßnahmen nach Luftangriffen unterstützen. (Foto: Engel)

Übung der Motor-HJ am Hirschanger, Juli 1939. (Foto: Schlott)

Mit nationalsozialistischem Ordnungssinn geparkte Motorräder im Hof des Deutschen Museums anläßlich des Neujahrsappells für das Nationalsozialistische Kraftfahrkorps im Kongreßsaal, 16. Januar 1938.
Das NSKK bildete eine eigene Parteigliederung, deren Mitglieder im ganzen Kraftfahrwesen technisch geschult sein sollten. Die NSDAP-Funktionäre nutzten die zunehmende Motorisierung, um auf schnellste Art größere Distanzen überwinden zu können und so häufig wie möglich an den verschiedensten Ecken und Enden eines Gaues präsent zu sein. »Ich liebe den Kraftwagen über alles, denn er hat mir Deutschland erschlossen« – dieses Hitler-Zitat schmückte die 1937 eröffnete Kraftfahrhalle des Deutschen Museums.
(Foto: Huhle)

Nächtliche Kundgebung der Münchner Studentenschaft am Königsplatz mit Ansprache des preußischen Ministerpräsidenten Hermann Göring, 8. November 1933.
Die Kundgebung stand im Rahmen der Gedenkfeiern zum 9. November, die seit 1933 jährlich an den Putschversuch von 1923 erinnerten. Alle NS-Organisationen hatten gewöhnlich ihren Beitrag zu dieser Großveranstaltung zu leisten.

Rudolf Heß bei der Fahnenweihe anläßlich der Zehn-Jahresfeier des Nationalsozialistischen Deutschen Studentenbundes im Odeon, 26. Januar 1936.
Der NSDStB war Anfang 1926 in München gegründet worden.

Studenten der Münchner Universität, die den mutigen und gefährlichen Weg des aktiven Widerstandes gegen das totalitäre und verbrecherische Regime gingen: die Geschwister Hans und Sophie Scholl und Christoph Probst (r.); 23. Juli 1942 in München vor der Abfahrt Hans Scholls an die Ostfront.
Die drei Studenten wurden nach einer Flugblattaktion im Februar 1943 verhaftet und wenige Tage später hingerichtet. In den darauffolgenden Monaten wurden noch weitere Mitglieder der Widerstandsgruppe »Weiße Rose« zum Tode verurteilt. (Foto: Wittenstein)

Bilder von Aufmärschen, Kundgebungen und Appellen, mit Hilfe derer die Bevölkerung regelmäßig auf die nationalsozialistischen Ideologiegemeinschaften eingeschworen werden sollte: Ehrenformationen des Reichsarbeitsdienstes und des BDM für den stellvertretenden Gauleiter Otto Nippold, der zur Einweihung des nach ihm benannten Ortsgruppenheimes in Großhadern kam, 18. September 1937. (Foto: Nortz)

»Das ist SA«, Uraufführung des Chorwerkes im Circus Krone anläßlich der SA-Führertagung am 24. Februar 1937.

Blutordensträger auf dem Königsplatz anläßlich der Feiern zum 9. November 1939. Mit diesem Orden wurden die aktiven Teilnehmer am Putschversuch von 1923 und Parteigenossen, die in der Kampfzeit eine Haftstrafe von mehr als einem Jahr zu verbüßen hatten oder sich bei einer Schlägerei besonders schwer verletzt hatten, ausgezeichnet. (Foto: Nortz)

Spielmannszug der SS-Standarte Deutschland während eines Propagandamarsches zur Reichstagswahl 1936 über den Maximiliansplatz. (Foto: Nortz)

Aufstellung der »alten Kämpfer« vor dem Bürgerbräukeller zum Traditionsmarsch am 9. November 1937; in der Mitte der ersten Reihe (mit Zigarre) der Münchner Oberbürgermeister Karl Fiehler. (Foto: Nortz)

Vereidigung der Politischen Leiter auf dem Königsplatz an Hitlers Geburtstag 1936. Zur Gruppe der Politischen Leiter gehörten die Führer der verschiedenen Parteigliederungen und -organisationen. (Foto: Valérien)

Werkheim der NS-Frauenschaft am St.-Jakobs-Platz, 1936.
Die NS-Ideologie hatte in der Frauenfrage eine ausgesprochen antiemanzipatorische Richtung eingeschlagen. Heim und Herd sollten für die Frauen der vornehmliche Arbeitsplatz sein. Von politischen Führungsaufgaben in Partei und Staat waren sie ganz ausgeschlossen. In den Berufszweigen, in denen auf die Mitarbeit der Frauen nicht verzichtet werden konnte, z. B. der Landwirtschaft und dem Handelsgewerbe, erklärte man die Arbeit kurzerhand als ihnen »art- und naturgemäß«. Nichtsdestoweniger waren sie zum Dienst an der Gemeinschaft aufgerufen, und sie sollten mit politischen Fragen im Sinn der NS-Ideologie vertraut sein. In ihren eigenen Organisationen, der NS-Frauenschaft und dem Deutschen Frauenwerk, konnten sie sich in Kursen über Volks- und Hauswirtschaft und in Mütterschulen fortbilden, Kindergruppen betreuen und sich an Vereinigungen der Nachbarschaftshilfe beteiligen. (Foto: Schödl)

Familienberatung in den Büroräumen der NSDAP-Ortsgruppe Wittelsbacherplatz durch eine Angehörige der NS-Frauenschaft, Juni 1944.
(Foto: Penz)

Treffpunkt am Wittelsbacherplatz für den gemeinsamen Marsch zur Hitlerkundgebung auf der Theresienwiese anläßlich der Reichstagswahl und Volksabstimmung im April 1938.

Kundgebung der NS-Frauenschaft im Ausstellungspark mit der Reichsfrauenführerin Gertrud Scholtz-Klink (Zweite von rechts) und der BDM-Gebietsführerin Hilde Königbauer (Zweite von links) sowie Gauleiter Adolf Wagner (rechts), 1937. (Foto: Nortz)

Weihnachtsfeier für 1200 »alte Kämpfer« auf Einladung Hitlers im Hotel Wagner an der Sonnenstraße, 24. Dezember 1935.
In der »Hauptstadt der Bewegung« wurde um den Kreis der »alten Kämpfer« ein besonderer Kult betrieben. Hitler lud jedes Jahr die bewährtesten SA- und SS-Männer zu einer Weihnachtsfeier ein; vor dem Krieg nahm er auch selbst teil, in den späteren Jahren ließ er sich vertreten. (Foto: Valérien)

Teilnehmer an der 180-Jahrfeier des ehemaligen Bayerischen Kadettenkorps beim Festakt im Hof des Kadettenkorpsgebäudes am Marsplatz, 27. September 1936: die ältere Generation der Offiziere der bayerischen Armee und die jungen Offiziere der Wehrmacht.
Die zahlreichen militärischen Gedenkveranstaltungen, mit denen die Reichswehr in den Jahren der Weimarer Republik die Gefallenen des Ersten Weltkrieges ehrte, aber auch den Zusammenhalt der Armee trotz der Niederlage und des für Deutschland verlustreichen Friedensvertrages von Versailles demonstrierte, fanden nach 1933 eine ungebrochene Fortsetzung und wurden von den nationalsozialistischen Führungskräften unterstützt.
(Fotos: Nortz)

Blumentag des Bezirksvereins der Siedler München-Südwest zu Ehren der Insassen des Altersheims St. Joseph in Sendling, 26. August 1934. Auch die Ehrung von alten Menschen sollte im nationalsozialistischen Veranstaltungskalender nicht zu kurz kommen. (Foto: Nortz)

Altenbetreuung durch einen Parteigenossen in einem Heim für »Arbeitsopfer« in Bergen am Chiemsee, 1935.
Die Deutsche Arbeitsfront unterhielt eine eigene Abteilung »Arbeitsopfer«, die sich um die »Invaliden der Arbeit«, zumeist alte Menschen, kümmerte. Über jegliche Aktion dieser Abteilung wurde zu propagandistischen Zwecken in den Medien berichtet. (Foto: Nortz)

»Arbeitsopfer« bei einem Ausflug an den Chiemsee, September 1937. (Foto: Nortz)

Ein unumgängliches Instrument im nationalsozialistischen Alltag: die Sammelbüchse.
Der Generalinspektor für das deutsche Straßenwesen Fritz Todt mit der Winterhilfswerk-Sammelbüchse am Autobahnende in Ramersdorf anläßlich des Tages der Nationalen Solidarität, 3. Dezember 1938. (Foto: Nortz)

Der Gauamtsleiter der Nationalsozialistischen Volkswohlfahrt (NSV), Jäger, im Kreis der NS-Schwesternschaft in der Löwenbräufesthalle auf dem Oktoberfest anläßlich des ersten Eintopfsonntages für das Winterhilfswerk 1938/39, 9. Oktober 1938. (Foto: Nortz)

Straßensammlung der Handwerker für das Winterhilfswerk, November 1934. (Foto: Valérien)

Schülerinnen der Dom-Pedro-Schule mit ihren Päckchen für die Pfundspende, Oktober 1936. Mit Lebensmittelspenden in Form von Pfundpaketen, die im Bekanntenkreis oder bei Nachbarn eingesammelt werden sollten, konnten auch schon Kinder ihren Beitrag zu den vielfältigen Sammelaktionen leisten. (Foto: Schlott)

Straßensammlung mit dem Elefanten Assam vom Circus Krone für das Winterhilfswerk, 15. Dezember 1936, am Sendlinger-Tor-Platz. (Foto: Valérien)

Ministerpräsident Ludwig Siebert mit der Sammelbüchse in der Theatinerstraße am Tag der Nationalen Solidarität 1935. (Foto: Huhle)

Sammlung der Deutschen Arbeitsfront in der Neuhauser Straße im Kriegssommer 1941 oder 1942. Als besonders perfider Anreiz zur Spende konnten Miniaturbomben, -minen und -granaten erworben werden, um sie auf der ausgestellten Landkarte in feindliches Gebiet zu hämmern.

Straßensammlung des Jungvolks, Januar 1934. (Foto: Nortz)

Ein zur Metallspende getragener Davidstern – ein symbolisches Bild für den Untergang der jüdischen Gemeinde im nationalsozialistischen München, April 1940.
Generalfeldmarschall Hermann Göring hatte im April des ersten Kriegsjahres zu einer Metallsammelaktion aufgerufen; sie sollte das »Geburtstagsgeschenk der Deutschen Nation für den Führer« sein. (Foto: Schlott)

Ein Kriegsveteran bei der Winterhilfswerk-Sammlung am Odeonsplatz anläßlich des Tages der Deutschen Wehrmacht, 18. März 1939.
Auch die letzten fünf Veteranen des Krieges von 1870/71 hatten sich zu diesem Zweck einspannen lassen und sammelten am Max-Joseph-Platz. (Foto: Nortz)

Die Politisierung des Privatraums: Wohnen und Familie

Das Wohnen wie überhaupt das Familienleben war im »Dritten Reich« keineswegs dem Zugriff von Partei und Staat entzogen, sondern wurde ideologisch aufgeladen und politisiert. Die Nationalsozialisten prangerten die »Mietskasernen«-Politik der früheren Jahre an, die den Arbeiter der Scholle entfremdet und zur Herausbildung eines entwurzelten Industrieproletariats ohne nationale Gesinnung beigetragen habe. Nun sollte vor allem die Ansiedlung im freistehenden kleinen Haus auf einem Stück Land wieder die Bindung an den »Heimatboden« herstellen.

Nachdem der Nationalsozialismus dem Siedlungsgedanken so förderlich zu sein schien, sah der 1933 neu eingesetzte Münchner Wohnungsreferent Guido Harbers eine günstige Gelegenheit, ein von ihm schon länger entwickeltes Konzept zum Bau einer Siedlung umzusetzen. Für die »Mustersiedlung Ramersdorf« gewann er verschiedene Architekten, die ihre Vorstellungen vom idealen Siedlerhaus verwirklichten.Im Rahmen der Deutschen Siedlungsausstellung in München-Ramersdorf 1934 wurden diese Wohnideen an verschiedenen Haustypen von innen und außen präsentiert. Die »Mustersiedlung« wurde dann über den Ausstellungszweck hinaus zu einer Eigenheimsiedlung, deren 192 Häuser überwiegend an Angehörige der Mittelschichten verkauft wurden.

Proklamierten die Nationalsozialisten den Siedlungsgedanken auch für sich, ist doch nicht zu übersehen, daß sie in erheblichem Maß an Vorläuferprogramme anknüpften. Schon am 6. Oktober 1931 hatte eine Notverordnung des Reichspräsidenten die Grundlagen für die »vorstädtische Kleinsiedlung« geschaffen, die eine Maßnahme im Rahmen des Arbeitsbeschaffungsprogramms war. Der Bau eines kleinen Häuschens auf einem Stück Land sollte dem Erwerbslosen Beschäftigung verschaffen und die Möglichkeit bieten, den Bedarf seiner Familie aus Gartenbau und Kleintierzucht weitgehend zu decken.

In München wurde die Notverordnung zunächst zur Grundlage für drei Erwerbslosensiedlungen: Freimann mit 193 Siedlerstellen, an der Zamdorfer Straße mit 111 Stellen und am Perlacher Forst mit 96 Stellen, die 1932/33 gebaut wurden. Am Hart errichteten die Nationalsozialisten in Anknüpfung an das Programm seit Ende 1933 die größte der Münchner Kleinsiedlungen mit 338 Siedlerstellen. Auch hier waren die Nutznießer in erster Linie noch Erwerbslose, die einen erheblichen Teil der Bau- und Aufschließungsarbeiten selbst übernahmen. Daneben wurden im Siedlungsbau der (bis 1935 noch freiwillige) Arbeitsdienst und zur Arbeit verpflichtete Wohlfahrtsempfänger herangezogen.

Mit der zunehmenden Bewältigung des Arbeitslosenproblems durch Arbeitsbeschaffungsmaßnahmen und vor allem die aufblühende Rüstungskonjunktur gingen die Nationalsozialisten auf Distanz zum Siedlungsgedanken der Weltwirtschaftskrise. Jetzt stand nicht mehr die Beseitigung der Arbeitslosigkeit im Vordergrund, sondern die Umsetzung bevölkerungspolitischer Ziele.

»Die Siedlerfamilien, namentlich auch die Siedlerfrauen, müssen sich zum Siedeln eignen, Gemeinschaftsgeist haben, lebenstüchtig, sparsam und strebsam sein«, verlangten die Bestimmungen über die Förderung der Kleinsiedlung vom 14. September 1937. »Dies vorausgesetzt, können als Siedlungsanwärter grundsätzlich zugelassen werden alle ehrbaren minderbemittelten Volksgenossen, und zwar vornehmlich gewerbliche Arbeiter und Angestellte, die ebenso wie ihre Ehefrauen deutsche Reichsangehörige, deutschen oder artverwandten Blutes, politisch zuverlässig und erbgesund sind. In erster Reihe sollen solche Bewerber angesiedelt werden, die sich in einem stetigen Arbeitsverhältnis befinden und die eine bestimmte Berufsstellung mit dem bodenständigen Wirtschaftsleben verbindet (Stammarbeiter).« In diesen Anforderungen offenbaren sich bevölkerungs- und familienpolitische Grundsätze des Nationalsozialismus. Die »wertvollen Volksgenossen« waren nach dem Prinzip von »Blut und Boden« fest mit ihrer Heimat zu verwurzeln, um so den Grundstock für die Heranzüchtung eines Volkes zu bilden, das der Ideologie des Nationalsozialismus entsprach. Die Siedlung sollte der Identifikation der Arbeiter mit dem Staat förderlich sein und letztlich die Wehrbereitschaft erhöhen: »Gibt man dem deutschen Arbeiter ein Anrecht auf ein Stück Heimat, auf Mutterland und Vaterscholle, dann wird er zu ihr stehen und sie mit dem Einsatze seiner ganzen Kraft verteidigen«, schrieb der »Münchener Beobachter« (Tägliches Beiblatt zum »Völkischen Beobachter«) am 21. März 1935. Die Frauen sollten mit den Aufgaben von Hausarbeit und Kindererziehung, Gartenbau und Kleintierzucht fest an die Siedlerstelle gebunden sein und sich ganz der Familie als kleinster Zelle der »Volksgemeinschaft« widmen.

Dieses Bild der Siedlerfrau orientierte sich an der nationalsozialistischen Frauenideologie, die einzig in der Familie den natürlichen Wirkungskreis der Frau sah und das »Muttersein« als deren gegebene und eigentliche Aufgabe betrachtete. Zur Durchsetzung ihrer frauen- und familienpolitischen Ziele begnügten sich die Nationalsozialisten nicht mit verbaler Propaganda, sondern setzten genauso Druckmittel wie

Lockangebote ein. Unter den letzteren sind an erster Stelle die Ehestandsdarlehen zu nennen, die per Gesetz am 1. Juni 1933 eingeführt wurden. Die Darlehen in Höhe bis zu 1000 Reichsmark wurden nicht in Bargeld, sondern als Bedarfsdeckungsscheine für Möbel und anderen Hausrat ausgegeben. Da für jedes lebendgeborene Kind 25% der Darlehenssumme erlassen wurden, prägte sich bald der Begriff vom »Abkindern«. Allerdings konnte ein Paar das Darlehen nur in Anspruch nehmen, wenn sich die Frau zur Aufgabe ihrer Berufstätigkeit verpflichtete und zwar so lange, »als der künftige Ehemann Einkünfte (...) von mehr als 125 Reichsmark monatlich bezieht und das Ehestandsdarlehen nicht restlos getilgt ist« (Klinksiek, S. 104). Die Umkehrung der Verhältnisse am Arbeitsmarkt ließ es allerdings bald nicht mehr wünschenswert erscheinen, alle Frauen aus dem Arbeitsprozeß zu verdrängen. Zögernd wurden Ausnahmen zugelassen, und am 3. November 1937 wurde schließlich generell die Frauenarbeit auch bei Inanspruchnahme des Ehestandsdarlehens gestattet. Die Folgen machten sich in München bemerkbar. Der Verwaltungsbericht der Stadt für die Rechnungsjahre 1936 und 1937 führte jedenfalls auf die Neuregelung zurück, daß die Zahl der eingereichten Anträge von durchschnittlich 161 pro Monat in früheren Jahren auf 207 im Berichtszeitraum (1. April 1936 bis 31. März 1938) gestiegen war.

Während die wirtschaftlichen Verhältnisse die Nationalsozialisten zwangen, in der Praxis an der ein oder anderen Stelle von ihrem Frauenideal abzurücken, blieb das Leitbild »die deutsche Mutter«, die man auch in der Gesellschaftspolitik umwarb. Als besonders symbolkräftige Geste wurde 1938 das »Ehrenkreuz der Deutschen Mutter« gestiftet. In Analogie zum Ehrenkreuz für Frontkämpfer wurde damit der Dienst der kinderreichen Mutter für Volk und Vaterland ausgezeichnet.

Die Bilder, die der Nationalsozialismus vom »schaffenden Arbeiter«, von der »deutschen Mutter« und der rassisch und biologisch »reinen Jugend« entwarf, sollten im Siedlungswesen verwirklicht werden. Es gab daher ein strenges Auswahlverfahren für Siedlerbewerber. In München holte das städtische Wohnungs- und Siedlungsdezernat ein politisches Gutachten der Kreisleitung der NSDAP über den Siedleranwärter ein. Dann entschied ein Prüfungsausschuß aus einem Vertreter der Stadtverwaltung, des Gauheimstättenamtes der Deutschen Arbeitsfront und der Kreisleitung der NSDAP, ob der Bewerber geeignet war.

Während man also in der politisch-ideologischen Fundierung des Siedlungsgedankens sich von der »Systemzeit« distanzierte, hielt man nichtsdestoweniger in der äußeren Form und Gestalt der Kleinsiedlungen in starkem Maß an den bestehenden Typen fest. So prägten auch die beiden 1936/37 erbauten Münchner Siedlungen Neuherberge und Kaltherberge, die in der Hauptsache mit staatlichen Darlehen aus dem sogenannten Siebert-Programm finanziert wurden, die typischen Kleinhäuser mit Steildach und angebautem Kleintierstall. Die Trägerschaft für die fast 400 Siedlerstellen in Neuherberge und Kaltherberge übernahm wie schon für die anderen Kleinsiedlungen die »Gemeinnützige Wohnstätten- und Siedlungsgesellschaft mbH« (GWG).

Dieses gemeinnützige Wohnungsunternehmen wurde, nachdem es im Sog der Inflation seine Geschäftstätigkeit hatte einstellen müssen, 1935 von den Nationalsozialisten wiederbelebt und mit »Volkswohnungsbauten« in München beauftragt. 1935 nämlich hatte die Reichsregierung verstärkte Maßnahmen ergriffen, um der verbreiteten Wohnungsknappheit beizukommen. Denn daß man mit dem freistehenden Kleinhaus allein das brisante Wohnungsproblem nicht würde lösen können, mußten auch die vehementesten Befürworter der Heimstättensiedlung einsehen. Gefördert wurde der Bau einfachster, kleiner Mietwohnungen, deren Herstellungskosten 3000, in Ausnahmefällen 3500 Reichsmark nicht überschreiten durften. Die GWG nahm mit der Errichtung der rund 850 Volkswohnungen in Berg am Laim seit 1936 erstmals eigene Bautätigkeit auf. Die ersten Mieter konnten 1937 einziehen und mußten etwa 30 Mark Monatsmiete für eine Zwei-Raum-Wohnung in der »Maikäfer-Siedlung« bezahlen. Für einen nicht qualifizierten Arbeiter bedeutete das ungefähr ein Fünftel seines Monatslohns. Bezeichnend für den Wohnungsbau im Nationalsozialismus ist, daß man auch bei dieser Anlage das mehrstökkige Mietshaus vermied und die Volkswohnungen als kleinste Reihenhäuschen mit schmalen Gartenstreifen baute.

Obwohl auch von anderer Seite – etwa durch die »Gemeinnützige Wohnungsfürsorge AG« (Gewofag) – der Mietwohnungsbau in München weiter vorangetrieben wurde, gelang es in keiner Weise, der mehr als angespannten Lage auf dem Münchner Wohnungsmarkt Herr zu werden. Dürftigste Unterkünfte und Elendsquartiere gab es auch in der so schön propagierten »Volksgemeinschaft« des Nationalsozialismus noch genügend. Sogar Parteistellen sahen die Verhältnisse kritisch. So schrieb Gauleiter Adolf Wagner in einer Denkschrift zu Beginn des Jahres 1937, »daß die Neubautätigkeit noch nicht einmal imstande war, den jährlich anfallenden Zuwachs an Wohnungsbedarf zu decken, geschweige denn die Rückstände am Bedarf von früher zu verringern« (StadtA Mü, Hochbauamt 897/2). Nach Berechnungen des »Statistischen Amtes der Hauptstadt der Bewegung« belief sich der Wohnungsfehlbestand Ende 1938 in München auf 30700 Wohneinheiten.

Als der Krieg begann, herrschte in München bereits katastrophaler Wohnungsmangel. Die Situation verschärfte sich in den folgenden Jahren weiter, weil Luftkriegsgeschädigte aus anderen Gebieten zunächst massenweise in der Stadt Zuflucht suchten. Erst seit dem Sommer 1942 wurde auch München verstärkt Ziel von Bombenangriffen, gegen die die Luftschutzbauten völlig unzureichenden Schutz boten. Viele tausend Menschen verließen die Stadt privat oder aufgrund offizieller Evakuierungsmaßnahmen. Durch die Entvölkerung Münchens entschärfte sich vorübergehend das Wohnraumproblem, um nach dem Krieg noch stärker hervorzutreten.

Blick vom Kirchturm der Reichskleinsiedlung Am Hart auf einzelne Parzellen der insgesamt 338 Siedlerstellen, Frühjahr 1936.
Die mit Reichszuschüssen finanzierte und seit Herbst 1933 in Bau befindliche Siedlung wurde von Anfang an mit einfachsten Mitteln – beispielsweise ohne Kanalisation – geplant und gebaut. Die offizielle Eröffnung erfolgte am 8. September 1936. (Foto: Müller-Grah)

Richtfest in der Mustersiedlung Ramersdorf am 20. April 1934, dem Geburtstag Hitlers.
In dieser Siedlung wollte der nationalsozialistische Wohnungsreferent Guido Harbers seine Vorstellungen von den idealen Wohnformen für den breiten Mittelstand verwirklichen. Im Rahmen der »Deutschen Siedlungsausstellung München 1934« wurden die von Münchner Architekten entworfenen Häuser zur Schau gestellt. Danach erfüllte Ramersdorf die normalen Zwecke einer Eigenheimsiedlung. Der »Mustercharakter« blieb im wesentlichen durch die Benennung der Straßen nach den Toten des 9. November 1923 präsent. (Foto: Huhle)

Wohnzimmer in einem der Musterhäuser dieser Siedlung, entworfen von einem Münchner Architekten, eingerichtet von einem Berliner Inneneinrichtungsgeschäft, 1934.
Auch an Innenräumen wurde »musterhaftes« Wohnen in Ramersdorf präsentiert. Insbesondere an den kleinen Haustypen sollte gezeigt werden, wie eine platzsparende Einrichtung gestaltet sein könnte. (Foto: Müller-Grah)

Alte Herbergen am Paulanerplatz in der Au, Februar 1937.
Primitivste Wohnverhältnisse bestanden nach wie vor in den teilweise noch erhaltenen, nur äußerlich idyllisch wirkenden Herbergenvierteln der Au, Haidhausens und Giesings. (Foto: Nortz)

Miethausblöcke an der Passauer Straße, errichtet vom Wohnungsbauverein München e.GmbH und der Gemeinnützigen Wohnungsfürsorge AG, kurz nach der Fertigstellung 1938.
Die Häuser waren in Eineinhalb-Zimmer-Wohnungen à 46 m^2 unterteilt, ausgestattet mit einer Wohnküche, einem Zimmer und einer Kammer. In jedem Bau befand sich ein Bad, in den einzelnen Wohnungen Sitzbäder. Als weitere Gemeinschaftseinrichtungen waren Fahrradeinstellräume und Luftschutzkeller vorhanden.

Eine Bewohnerin der Haidhauser Herbergen In der Grube beim Wasserholen am Pumpbrunnen, Frühsommer 1936. (Foto: Nortz)

Müllabfuhr mit Hilfe eines Harritschwagens am Karlsplatz, Sommer 1935. Diese einfach konstruierten Mülltransporter waren seit Einführung der kommunal betriebenen Müllabfuhr um die Jahrhundertwende in Betrieb. Erst nach dem Zweiten Weltkrieg wurden motorisierte Müllfahrzeuge angeschafft. (Foto: Nortz)

Festlich geschmückter Gabentisch bei einer Münchner Familie zum Weihnachtsfest 1933. Neben zahlreichen anderen Geschenken liegen zwei Publikationen des nationalsozialistischen Eher-Verlages: »Mein Kampf« von Adolf Hitler und »Der Glaube an Deutschland« von Hans Zöberlein. Für letzteres hatte der Autor im Jahr 1933 den Literaturpreis der Stadt München erhalten.

Junges Paar vor einem Möbelgeschäft im Tal, in dem die Bedarfsdeckungsscheine des Ehestandsdarlehens angenommen wurden, Frühjahr 1936.
Zur Durchsetzung ihrer frauen- und familienpolitischen Ziele erließen die Nationalsozialisten schon 1933 eine gesetzliche Regelung, durch die sie jungen Paaren bei der Heirat bis zu 1000 Reichsmark als Darlehen in Aussicht stellten, wenn die Frau sich verpflichtete, ihren Arbeitsplatz aufzugeben. Die Darlehen wurden nicht in Bargeld, sondern in Form von Bedarfsdeckungsscheinen für Möbel und Hausrat ausgezahlt. (Foto: Nortz)

Omnibusfahrt für 2000 kinderreiche Mütter über die Reichsautobahn München-Salzburg an Hitlers Geburtstag, 20. April 1937.
Hitlers Geburtstag wurde jeweils zum Ehrentag für Mütter, besonders für kinderreiche Mütter, deklariert. 1937 lud das Münchner Kraftfahrkorps zu einem Ausflug an die oberbayerischen Seen ein, an dem auch Oberbürgermeister Karl Fiehler teilnahm. (Foto: Huhle)

Mütterehrung an Hitlers Geburtstag 1934; eine gehbehinderte Mutter wird von einem SS-Mann und einem Hitlerjungen zur Feier in den Bürgerbräukeller getragen. (Foto: Huhle)

Mutterkreuzverleihung in einer Münchner Gaststätte am Muttertag 1939. Das von Hitler im Dezember 1938 gestiftete »Ehrenkreuz der Deutschen Mutter« wurde in Bronze verliehen für vier Kinder, in Silber für sechs und in Gold für acht und mehr Kinder. Für Trägerinnen des Mutterkreuzes sollten die gleichen Vorrechte gelten wie für Kriegsbeschädigte und für »Opfer der Bewegung«: Vortritt an Schaltern öffentlicher Ämter, bevorzugte Aufnahme in Altersheime und günstigere Bedingungen bei der Altersversorgung. (Foto: Nortz)

Straßenszene vor dem Café Luitpold in der Briennerstraße, Juli 1939.
Nicht alle Frauen unterwarfen sich der auf Häuslichkeit und Fruchtbarkeit orientierten nationalsozialistischen »Mutterrolle«. Nach wie vor gehörten elegante und modisch gekleidete Frauen zum Straßenbild. (Foto: Schlott)

Ein Nachmittag im Park, Frühjahr 1936. (Foto: Nortz)

Lageralltag für Kinder von Fremdarbeiterinnen im Lager Eggarten, 1944. Fremdarbeiter und -arbeiterinnen, die während des Krieges meist unter Zwang zum Arbeitseinsatz nach Deutschland transportiert wurden, waren zum größten Teil in Massenquartieren, in von Stacheldrahtzäunen umgebenen Barackenlagern untergebracht. Auf diese Weise konnten sie besser überwacht und von der einheimischen Bevölkerung isoliert gehalten werden. Das Lager an der Eggartenstraße wurde von der Reichsbahn für Arbeiter im Ausbesserungswerk Freimann unterhalten.

Essensausgabe an Kriegsgefangene, März 1941.
Die Essensrationen der Kriegsgefangenen waren deutlich geringer als die der deutschen Zivilbevölkerung, obwohl erstere zu schwerer körperlicher Arbeit herangezogen wurden, wie hier von der Firma Stöhr für den Bau eines Luftschutzturmes an der Steinerstraße in Sendling. (Foto: Meyer)

Luftschutzturm an der Sachsenstraße im Bau, Juli 1941.
Mit Kriegsbeginn bekam der Luftschutzbau höchste Priorität vor allen anderen Bauvorhaben. Seit 1943 mußte sich die Münchner Bevölkerung immer häufiger und immer länger in Luftschutzbunkern und -kellern aufhalten.

Propaganda und Terror: Die »Große Politik« in München

Nach der sogenannten Machtergreifung Hitlers am 30. Januar 1933 gingen die Nationalsozialisten daran, in allen deutschen Ländern die demokratisch gewählten Regierungen durch NS-Funktionäre absetzen zu lassen. Die Woge der »nationalen Revolution« überflutete so allmählich das ganze Reich und erreichte am 9. März 1933 auch Bayern. Mit der Ernennung des Generals Ritter von Epp zum Reichskommissar und der Einsetzung seiner kommissarischen Beauftragten für die zentralen Ressorts wurde Bayern unter die neuen Machtverhältnisse gezwungen. Sehr schnell machte sich das für alle Oppositionellen und die erklärten »Reichsfeinde« wie vor allem die Juden bemerkbar. Noch in der Nacht vom 9. auf den 10. März ließen die Nationalsozialisten die Räume des »Centralvereins deutscher Staatsbürger jüdischen Glaubens« durchsuchen und verwüsten. Bewaffnete SA-Leute belagerten das Gewerkschaftshaus an der Pestalozzistraße und zwangen die Funktionäre schließlich, mit erhobenen Händen abzuziehen. SA-Kommandos verwüsteten die Redaktionen mißliebiger Zeitungen und zerstörten ihr Inventar.

Der Terror der Machtergreifungsphase beschränkte sich keineswegs auf Einzelaktionen wie die Überfälle auf Zeitungsredaktionen, sondern schlug sich in der systematischen Ausschaltung und Unterdrückung der Opposition nieder. Die Nationalsozialisten beriefen sich dabei auf die »Verordnung des Reichspräsidenten zum Schutz von Volk und Staat« vom 28. Februar 1933 – die sogenannte Reichstagsbrandverordnung –, die die Möglichkeit eröffnete, die polizeiliche Haft ohne richterliche Kontrolle auf unbestimmte Zeit auszudehnen. Dieses Instrument der »Schutzhaft« wurde in Bayern exzessiv angewendet und traf zunächst die linken Gegner der Nationalsozialisten – die Kommunisten und Sozialdemokraten –, aber auch die konservative Opposition – insbesondere die Angehörigen der Bayerischen Volkspartei –, jüdische Bürger und andere, die zu »Volksschädlingen« erklärt wurden. Sehr bald schon reichten die vorhandenen Gefängniskapazitäten nicht mehr aus, so daß die Verfolger neue Wege ersannen. Am 22. März 1933 wurde in Dachau das erste Konzentrationslager eröffnet. Schon bald ging das Lager in die Obhut der SS über, die sich im »Dritten Reich« zum beherrschenden Instrument des Terrors entwickelte. Die zentrale Rolle spielte dabei der aus einem bayerisch-katholischen Haus stammende, damals 32jährige Heinrich Himmler. Seit dem 9. März bereits kommissarischer Polizeipräsident in München, wurde Himmler kurz darauf zum Politischen Polizeikommandeur Bayerns ernannt. Von dieser Position aus trieb der Reichsführer-SS unter tatkräftiger Mithilfe seiner »rechten« Hand Reinhard Heydrich die Verschmelzung von SS und politischer Polizei voran, bis er 1936 als »Chef der Deutschen Polizei« dieses Ziel erreicht hatte.

Während Hitler die Machtexpansion der SS und ihres Reichsführers förderte, lief die Entwicklung der SA, die unter Führung ihres Stabschefs Röhm die »Revolution« weitertreiben wollte, seinen Plänen zur Konsolidierung des autoritären Führerstaates entgegen. Im sogenannten Röhm-Putsch holte Hitler daher zum Überraschungsschlag gegen die SA-Führung aus. Röhm und seine engeren Gefolgsleute wurden in Bad Wiessee, wo sie in einem Hotel logierten, am Morgen des 30. Juni überrumpelt und nach Stadelheim verbracht. Weitere Festnahmen in München, Berlin und Schlesien folgten. Seine Opfer, von denen viele gar nichts mit der SA zu tun hatten, ließ Hitler ohne jedes Verfahren einfach in Stadelheim, Dachau und anderenorts erschießen, wobei der SS meist die Rolle des Exekutors zufiel. Auch Röhm selbst wurde auf diese Weise liquidiert, unter seinem Nachfolger Lutze behielt die SA zwar ihre Funktion als Schlägertruppe, verlor aber ihre Bedeutung als Machtfaktor.

Die Terrorinstrumente des Regimes, die Methoden der Gestapo, der SA- und SS-Bataillone wurden in der Münchner Bevölkerung nur hinter vorgehaltener Hand diskutiert. Was hinter den Mauern des Wittelsbacher Palais, wo die Gestapo ihre Zentrale eingerichtet hatte, oder auf dem Gelände des Dachauer Lagers vorging, darüber wurde zwar gemutmaßt, aber bei offenen Äußerungen konnte sich der Terror-Apparat schnell gegen einen selbst kehren. Der Ausspruch »Sei staad, sonst kommst nach Dachau« macht deutlich, wie sehr die Einschüchterung ihre Wirkung tat.

Allerdings mußte die NS-Führung auch immer wieder registrieren, daß viele Terrormaßnahmen keine Unterstützung in der Bevölkerung fanden. Das gilt besonders für den Bereich der Judenverfolgungen. Der Antisemitismus war zwar ein weitverbreitetes, tiefsitzendes Phänomen, und mancher war der Meinung, daß Gesetze und Ausgrenzungsmaßnahmen gegen die Juden durchaus ihre Berechtigung hätten. Die offene Gewalt aber wurde meist abgelehnt und blieb eine Sache fanatisierter Nazis. Auch die Pogrom-Nacht vom 9./10. November 1938, in der nach dem Willen der NS-Führung die »Abrechnung« mit den Juden erfolgen sollte, fand nicht die erwünschte Teilnahme der Bevölkerung. Trotzdem zeigten die Gewaltakte und Zerstörungen der sogenannten Reichskristallnacht eine schlimme Bilanz: »42 Läden teils beschädigt, teils zerstört,

6 Brände verursacht und 1 Jude tödlich verletzt. Bei den Bränden handelt es sich um den Brand der Synagoge, einen Dachstuhlbrand und 4 Schaufensterbrände. Auch die Plünderung eines Goldwaren- und eines Schuhgeschäftes wurde gemeldet.« (Bay HStA, Reichsstatthalter 823.) Die knappe Zusammenfassung der Kriminalpolizei gibt allerdings kein Bild von dem menschlichen Elend, das die braunen Gewalttäter angerichtet hatten.

Nach dem Novemberpogrom folgte eine Maßnahme auf die andere, um alle Spuren jüdischer Existenz endgültig zu vernichten. Zu diesem Zeitpunkt war die Zahl der Münchner Juden aufgrund von Verfolgung und Auswanderung schon stark zurückgegangen. Waren 1933 offiziell 9005 »Glaubensjuden« in München ansässig gewesen – ihre tatsächliche Anzahl dürfte um einiges höher gelegen haben –, zählte man 1938 nur noch 6392. Jetzt wurden die Maßnahmen drastisch verschärft: jüdische Geschäfte wurden geschlossen, jüdische Bewohner aus Mietshäusern vertrieben und schließlich in gettoartigen Sammelunterkünften zusammengelegt. Im Frühjahr 1941 mußten die Juden in eigener Arbeit eine Barackensiedlung in Milbertshofen an der Knorrstraße aufbauen, die Raum für rund 800 Bewohner bot. Daneben gab es im Kloster der Barmherzigen Schwestern in Berg am Laim eine zweite Sammelunterkunft. Eine eigens geschaffene »Arisierungsstelle« beim Gauleiter von München und Oberbayern wachte darüber, daß kein Laden, keine Wohnung, kein Besitz mehr in jüdischer Hand verblieb.

Als Hitler und seine Helfer schließlich die »Endlösung der Judenfrage« beschlossen, wurde die »Judensiedlung Milbertshofen« für viele zur letzten Station in München. Hier wurden die Transporte nach Theresienstadt und in die Vernichtungslager des Ostens zusammengestellt. Die Deportationen verminderten die Zahl der Juden so rasch, daß sich die Aufrechterhaltung des Lagers in Milbertshofen nicht mehr lohnte. Die verbleibenden 16 Insassen wurden im August 1942 nach Berg am Laim gebracht. Am 1. März 1943 wurde auch diese Unterkunft aufgelöst; wenig später stellte selbst die »Arisierungsstelle« ihre Tätigkeit ein, angesichts der geringen Zahl von verbliebenen Juden. Einige von ihnen überlebten unter unvorstellbar schwierigen Bedingungen die letzten Kriegsjahre in München. Den Amerikanern wurden bei ihrem Einmarsch in München im Frühjahr 1945 84 Juden übergeben (Zahlen nach Hanke, S. 162–183 u. 297).

Es kennzeichnet den NS-Staat, daß man sich zur Sicherung der politischen Herrschaft nicht nur auf den Terror verließ, sondern immer wieder den plebiszitären Rückhalt in der Bevölkerung suchte. So fanden auch nach der Ausschaltung von Demokratie und Parlamentarismus Wahlen und Volksabstimmungen statt, die einzig dazu dienten, die Einheit von Führer und Volk glaubwürdig zu machen. Den Abweichlern im Innern sollte gezeigt werden, daß sie gegen den erklärten Mehrheitswillen des Volkes standen, und nach außen wollte man die »Volksgemeinschaft« der Deutschen als geschlossene Kraft demonstrieren. Freilich hatten solche von der Führung inszenierten und manipulierten Abfragen des Volkswillens nichts mit freien, demokratischen Wahlen und Abstimmungen zu tun. Bezeichnend dafür ist etwa die am 19. August 1934 durchgeführte »Volksabstimmung über das Staatsoberhaupt des Deutschen Reiches«. Hier ging es um eine persönliche Bestätigung für den »Führer«, der nach dem Tod Hindenburgs am 2. August das Reichskanzleramt mit dem Reichspräsidentenamt vereinigt hatte. Die NS-Führung scheute schon im Vorfeld keine Mühe, dem Wähler »den richtigen Weg« zu weisen. Kundgebungen, Beflaggung, Plakate, Aufmärsche und Sprechchöre der verschiedenen NS-Organisationen – ein bombastisches Aufgebot mit nur einem Ziel, die Menschen zur Stimmabgabe für Hitler zu bewegen. Auch hier illustrieren die Berichte der Sopade wieder die Atmosphäre in München: »Am Freitag nachmittag und besonders am Samstag früh erschienen die Plakate. Hitler an allen Anschlagtafeln, Hitler in allen Schaufenstern, ja Hitler überhaupt an allen Fenstern, die irgendwo zu entdecken waren. Jede Straßenbahn, die Fenster der Eisenbahnwagen, jedes Autofenster, – Hitler schaute aus allen Fenstern. Die SA brachte die Bilder gratis in die Wohnungen und forderte die Wohnungsinhaber auf, die Bilder an die Fenster zu kleben, wenn nach einigen Stunden der Auftrag noch nicht erfüllt war, kam die SA wieder und mahnte. Dadurch erreichte man, daß am Samstag gegen Abend kaum mehr ein Fenster einer Privatwohnung zu sehen war, das nicht Hitler zeigte. Selbst die eingefleischtesten Anti-Hitlerianer haben diesmal dem Druck nachgegeben. Die Beflaggung war fast vollständig.« (Sopade-Berichte, 1. Jg., 1934, S. 275f.)

Falls einer nach diesem Propagandaaufgebot noch immer nicht verstanden hatte, was er zu tun hatte, setzte die Partei weitere Druckmittel ein. Regelrechte Schlepperdienste wurden eingerichtet, SA kontrollierte den Wahlvorgang und übte in einigen Wahllokalen massiven Druck aus: »So wurde festgestellt, daß in einzelnen Wahllokalen, trotz der vorhandenen drei Stimmzellen, die Wähler an offenen Tischen ihre Einzeichnung vornahmen. Wer in die Wahlzelle gehen wollte, wurde von der diensttuenden SA besonders scharf beobachtet« (Sopade-Berichte, 1. Jg., 1934, S. 282). Auch bei der Auszählung der Stimmen stellten die SPD-Berichterstatter Manipulationen fest, die aber offenbar nach örtlichen Verhältnissen stark schwankten. Während in dem einen Wahllokal der Wahlleiter auf die Einhaltung der Regeln achtete, kam es im anderen schon vor, daß ungültige Stimmen den Ja-Stimmen zugeschlagen wurden oder daß die Auszählung nur von Parteifunktionären unter Ausschluß von Beobachtern vorgenommen wurde.

Angesichts solcher Praktiken kann das folgende Ergebnis der Abstimmung in München schon als »Denkzettel« für die NS-Machthaber gewertet werden: Bei 478 393 abgegebenen Stimmen – die Gesamtheit der Stimmberechtigten belief sich auf 516 420 – stimmten 419 461 mit Ja, 51 440 mit Nein und 7492 gaben ungültige Stimmzettel ab. Fast 11 Prozent der an der Wahl Beteiligten wagten es also, eindeutig mit »Nein«

zu votieren; aber auch das Fernbleiben von der Wahl oder der ungültige Stimmzettel dürften in den meisten Fällen Ausdruck von Protest gewesen sein.

Ob bei Wahlen und Abstimmungen, bei Festveranstaltungen, bei Staatsbesuchen, die Nazi-Propaganda-Maschine arbeitete unaufhörlich. Neben der Formierung der »Volksgenossen« ging es den Propagandisten auch um die Wirkung auf das Ausland. Für besonders bedeutsam erscheinende Anlässe wie den Besuch Mussolinis 1937 wurde die »Hauptstadt der Bewegung« wochenlang in Aufregung versetzt. Nicht nur im wörtlichen Sinn wurde München gesäubert: »Als Mussolini nach München kam, bin ich für 14 Tage verhaftet worden«, berichtete etwa Albert Lörcher, aktives Mitglied im Arbeiterwiderstand (Bauer/Gerstenberg/Peschel, S. 279). Die Straßendekoration, die nach dem Tag der Deutschen Kunst vor kurzem erst abgenommen worden war, wurde in kaum bescheideneren Dimensionen erneuert: Triumphbögen, haushohe Pylonen, Reichsadler und Hakenkreuze als Symbole des Nationalsozialismus, Liktorenbündel und die italienischen Farben zu Ehren des Faschismus verwandelten die Stadt.

Spielten bei Anlässen wie Staatsbesuchen und Wahlen die Beflaggung, Plakate und Transparente zwar eine wichtige Rolle und vermochten es, eine Stadt wie München als Fahnenwald erscheinen zu lassen, begnügte sich die nationalsozialistische Propaganda noch lange nicht mit diesen Darstellungsformen. Vielmehr hatte der Nationalsozialismus – und gerade Hitler selbst – die Macht der Medien frühzeitig erkannt und agierte in dieser Hinsicht als eine geradezu »moderne« Bewegung. Mußte die NSDAP in der Aufstiegsphase aber mit anderen politischen Kräften um eine günstige Presse konkurrieren, konnte man nach der Machtübernahme jede freie Berichterstattung unterbinden und eine gleichgeschaltete Presse für sich arbeiten lassen. In der Machtergreifungsphase waren »linke« Zeitungen wie die sozialdemokratische »Münchener Post« besonders den Terrorangriffen der Nazis ausgesetzt. Aber auch andere konnte es treffen: Fritz Gerlich, ehemaliger Chefredakteur der »Münchner Neuesten Nachrichten« und Herausgeber der katholischen Wochenzeitschrift »Der gerade Weg«, wurde gleichfalls schon am 9. März 1933 von einem SA-Trupp überfallen, mißhandelt und in Schutzhaft genommen. Er zählte zu den Opfern, die 15 Monate später im Zuge der »Röhm-Putsch-Aktion« umgebracht wurden.

Die Nationalsozialisten hatten aber kein Interesse daran, alle Journalisten gewaltsam zum Schweigen zu bringen oder ins Exil zu treiben. Man brauchte ja die Presse und funktionierte sie daher zum größten Teil im eigenen Sinn um. Das Schriftleitergesetz vom 4. Oktober 1933 stellte die Zulassung zu den Presseberufen und ihre Ausübung unter die Kontrolle des totalitären Staates. Die unabhängige Existenz der Verbände von Journalisten und Verlegern wurde beendet, statt dessen übte die Reichspressekammer als zentrales Organ eine umfassende Kontrolle aus. Bei täglich veranstalteten Reichspressekonferenzen erhielten die Schriftleiter Instruktionen, was zu schreiben war, wie es zu schreiben war und was nicht geschrieben werden durfte. Neben der ideologischen Gleichschaltung gab es außerdem den Weg der wirtschaftlichen Übernahme. Führende Kraft war hier ein Münchner, Max Amann, der sich vor der Machtergreifung auch als nationalsozialistischer Scharfmacher im Münchner Stadtrat hervorgetan hatte. Amann war Direktor des Zentralverlages der NSDAP, des Eher-Verlages, der den »Völkischen Beobachter« herausgab. Seit 1933 ging er daran, ein gewaltiges Presseimperium aufzubauen, dem immer mehr Verlage einverleibt wurden und das bald das deutsche Zeitungswesen in seinen wesentlichen Teilen kontrollierte. Dabei verhalf Amann nicht nur Hitler zu erklecklichen Geldsummen, sondern machte sich selbst zu einem der reichsten NS-Funktionäre.

Neben den Zeitungen und Zeitschriften versicherten sich die Nationalsozialisten eines weiteren »Massenbeeinflussungsinstruments«, wie Goebbels es nannte, der dieses Medium auch besonders in den Vordergrund hob und seine Verbreitung propagierte: des Rundfunks. Mit dem Volksempfänger und später auch dem »Deutschen Kleinempfänger« – von der Bevölkerung respektlos »Goebbels-Schnauze« getauft – kamen Geräte auf den Markt, die den Massenabsatz sicherten. Die Zahl der Rundfunkteilnehmer expandierte damit während der dreißiger Jahre kontinuierlich. Im Stadtgebiet München etwa stieg ihre Zahl von 93 596 im Jahr 1933 auf 148 578 vier Jahre später. Auch jenseits des Wohnzimmers erreichte der Rundfunk die »Volksgenossen«. »Gemeinschaftsempfänge« in Betrieben und öffentlichen Gebäuden, Lautsprechersäulen an Versammlungsorten sorgten dafür, daß »Führerreden« jederzeit und überall empfangen werden konnten.

Propaganda und Indoktrination wurden vor allem mit der zunehmend aggressiven Außenpolitik des »Dritten Reiches« immer wichtiger. Die Deutschen mußten auf eine Linie mit dem »Führer« eingeschworen werden, die Stimmung mußte gut bleiben, dem Regime den Rückhalt sichern. Tatsächlich gelang es der Führung in erheblichem Maß, die Außenpolitik auf der Erfolgsseite zu verbuchen. Nationales Empfinden war weit verbreitet, die Ablehnung der Regelungen des Versailler Vertrages beinahe einhellig. Selbst Kritikern des Regimes imponierte es, daß Hitler die als demütigend empfundenen Beschränkungen des Vertrages einfach durchbrach und das durchsetzte, was man als gutes Recht der Deutschen auffaßte. Die Wiedereinführung der Wehrpflicht 1935 beispielsweise löste nach einem Sopade-Bericht in der »Hauptstadt der Bewegung« ungeheure Begeisterung aus. »Ganz München war auf den Beinen. Man kann ein Volk zwingen zu singen, aber man kann es nicht zwingen, mit solcher Begeisterung zu singen.« Dennoch revidiert der Beobachter noch im gleichen Abschnitt seinen Eindruck. »Als erster (sic!) Rausch der Begeisterung vorüber war, hat man viele sorgenvolle Gesichter gesehen. Es sind nicht wenige, die glauben, daß Deutschland überfallen werden könnte, Angst vor Krieg ist überall spürbar, besonders bei älteren Leuten« (Sopade-Berichte, 2. Jg., 1935, S. 279).

Deutlich wird, daß schon bei diesen ersten Maßnahmen zur Revision des Versailler Vertrages – wie der Einführung der Wehrpflicht 1935 und der Rheinlandbesetzung 1936 – sich unter alle Begeisterung auch massive Kriegsfurcht mischte. Noch vertrauten viele aber darauf, daß Hitler schon richtig mit dem Ausland umzugehen wisse. Schließlich betonte er ja selbst immer wieder, daß sein wichtigstes Ziel sei, den Frieden zu erhalten. Als mit dem Jahr 1938 aber der Expansionsdrang des Regimes in eine neue Phase trat, konnte auch dem Gutgläubigsten nicht mehr verborgen bleiben, daß Hitler bewußt auf einen Krieg zusteuerte. Der »Anschluß« Österreichs im März 1938, die Sudetenkrise und schließlich der Einmarsch deutscher Truppen in die Tschechoslowakei im Frühjahr 1939 versetzten auch die Münchener Bevölkerung immer wieder in höchste Erregung. Auf dem Höhepunkt war die Spannung, als die Staatsmänner Großbritanniens, Frankreichs und Italiens zu Hitler nach München kamen, um über die Abtretung der sudetendeutschen Gebiete an Deutschland zu verhandeln. Als der Abschluß des Münchner Abkommens im Führerbau am 29. September 1938 bekannt wurde, war der Jubel groß. Die Menschen feierten auf den Straßen, da sie noch einmal einem Krieg entkommen waren. Hitler hingegen, so die Schilderung des Dolmetschers Paul Schmidt, war enttäuscht von »seinen« Münchnern, weil sie sich so gar nicht kriegsbegeistert zeigten. In dieser Zeit schwenkte auch die nationalsozialistische Propaganda um. Hatte man Hitler bisher als Friedenserhalter bejubelt, wurde jetzt immer offener der Krieg als letzte Konsequenz in Aussicht gestellt.

Für einen wurde die Krise um die Münchner Konferenz zum auslösenden Moment: Georg Elser faßte in diesen Tagen den Entschluß, daß die nationalsozialistische Führung beseitigt werden müsse, um ihrer verhängnisvollen, kriegstreibenden Politik ein Ende zu machen. In wochenlanger Arbeit und unter der ständigen Gefahr entdeckt zu werden, installierte der schwäbische Tischlergeselle eine »Höllenmaschine« im Bürgerbräukeller, die Hitler und seine engsten Gefolgsleute bei ihrer traditionellen Versammlung am 8. November 1939 töten sollte. Das Attentat mißglückte, weil Hitler den Saal früher als gewöhnlich verließ und damit der Explosion entkam.

Wohl viele dürften es sehr bedauert haben, daß Elsers Plan nicht aufgegangen war, und manche sprachen es sogar offen aus. So gab eine städtische Kanzleisekretärin folgendes über ein Gespräch mit einem Vertreter für die Gestapo zu Protokoll: »Er sprach mit mir über den Fall heute nacht im Bürgerbräukeller. Ich bedauerte es aufrichtig, daß so etwas vorkam. Er sagte darauf mit lachendem Munde, daß es viele Geschäftsleute bedauerten, daß die Explosion nicht eher los ging. Man könnte das, ganz offen in den verschiedenen Geschäften besprechen hören.« (StadtA Mü, BuR 357.)

Elser wurde gefaßt und während der gesamten Kriegsjahre offenbar für einen Schauprozeß als besonderer Häftling »bewahrt«. Als jedoch die endgültige militärische Niederlage offensichtlich war, richtete man ihn im April 1945 im Konzentrationslager Dachau schnell und ohne Aufsehen hin.

Das Redaktions- und Druckereigebäude der sozialdemokratischen Zeitung »Münchener Post«, Altheimer Eck 19, am 10. März 1933, dem Tag nach der Machtergreifung in Bayern: ein verwüsteter Büroraum und SA-Posten vor dem Eingang.
Der Sozialdemokrat Wilhelm Hoegner berichtete in seinem Erinnerungsbuch »Flucht vor Hitler« über diesen Tag: »Im Gebäude der ›Münchener Post‹ waren alle Beleuchtungskörper aufgedreht, die Fenster weit aufgerissen. Aus allen Öffnungen des Hauses wurden Möbelstücke, Bücher, Zeitungen, Schreibmaschinen, Tintenfässer auf die Straße geschleudert. Sogar aus der im vierten Stock gelegenen Wohnung des Geschäftsführers flogen Stühle, Tische und Kästen, aufgeschlitzte Betten und Decken herab. Die Schatten der Täter huschten in den Zimmern eilig hin und her. Aber die Zuschauer neben mir gaben keinen Laut von sich. Sie schienen erstarrt. Man hörte nur das dumpfe Krachen der Gegenstände, die auf die Straße fielen. Es war wieder genauso wie beim Hitlerputsch von 1923, als die Nationalsozialisten ebenfalls unser Zeitungsgebäude erstürmt und die Einrichtung zerstört hatten« (S. 105).

Erste Landtagseröffnung nach der Machtergreifung in Bayern, 28. April 1933. Das vorläufige Gesetz zur Gleichschaltung der Länder mit dem Reich vom 31. März 1933 führte zur Neubildung des bayerischen Landtages. Bei der Landtagseröffnung im April 1933 waren neben der NSDAP offiziell noch etliche andere Parteien vertreten: die Sozialdemokraten, das Zentrum und die Bayerische Volkspartei, die Kampffront Schwarz-Weiß-Rot sowie der Bayerische Bauern- und Mittelstandsbund. Im Lauf der folgenden Monate wurden sie nacheinander verboten, so daß letztendlich ein Einparteienstaat entstand. Ein halbes Jahr später, am 14. Oktober 1933, verfügte die Reichsregierung schließlich die Aufhebung der Volksvertretungen der einzelnen Länder; mit dem nachträglich dazu erlassenen Gesetz vom 30. Januar 1934 hörte der bayerische Landtag auf zu existieren. Das Gebäude an der Prannerstraße wurde in »Haus der Nationalsozialisten« umbenannt und stand in den folgenden Jahren der NSDAP-Gauleitung zur Verfügung. Auf dem Foto sind unter dem Eingangstor (zur Kamera blickend, von links) Staatsminister Hermann Esser, Reichsstatthalter Ritter von Epp und Ministerpräsident Ludwig Siebert zu erkennen, sowie in der rechten Bildhälfte (mit einer Narbe auf der Wange) SA-Stabschef Ernst Röhm. (Foto: Huhle)

Feierliche Stadtratssitzung im Neuen Rathaus am 25. Juli 1933.
Erstmals tagte ein rein nationalsozialistischer Stadtrat. Nach der gewalttätigen Entfernung der SPD-Stadträte im Mai 1933 und dem nachfolgenden Verbot aller Parteien außer der NSDAP konnten die Nationalsozialisten unbehelligt die Lücken aus eigenen Reihen schließen und nahmen die vollendete Gleichschaltung als Anlaß zum Feiern. Lediglich auf der Ratsbank saßen auch parteilose Beamte: einige berufsmäßige Stadträte, die vor 1933 für einen längeren Zeitraum gewählt worden waren. Hier sind zu sehen (von links): die Oberbaudirektoren Kleeblatt, Zell und Beblo, die Rechtsräte Jansohn, Helmreich und Hörburger, Oberbürgermeister Fiehler, die Rechtsräte Konrad, Schubert und Tempel.

Empfang für Hitler vor dem Ausstellungspark anläßlich einer Wahlkundgebung am 14. März 1936.
Hitler begrüßte die Zuhörerscharen auf der Theresienwiese, wohin anschließend seine Rede von der Ausstellungshalle per Lautsprecher übertragen wurde.
(Foto: Valérien)

Hitler grüßt vom Balkon des »Braunen Hauses« die zusammengelaufene Menschenmenge in der Briennerstraße, 8. November 1933.
Im Hintergrund ist eines der Eckhäuser Brienner-/Arcisstraße zu sehen, die im darauffolgenden Jahr für die Errichtung der Ehrentempel und der Parteibauten abgerissen wurden.

Wittelsbacher-Palais, Ecke Brienner-/Türkenstraße, als Gestapo-Zentrale: Amtsraum im ehemaligen Tanzsaal und das Eingangsportal mit einem SS-Posten; undatierte Aufnahmen.

Die Bayerische Politische Polizei entwickelte sich nach der Machtergreifung zu einem Terrorinstrument, mit dessen Hilfe die Ausgrenzung und Kriminalisierung politisch Andersdenkender vorangetrieben wurde. Um ihren wachsenden Raumbedarf zu decken, zog sie schon 1933 in das für diese Zwecke umgebaute Wittelsbacher Palais. Das Gebäude, das seit der Unterstellung der Politischen Polizei unter die Geheime Staatspolizei 1936 als Münchner Gestapo-Zentrale traurigen Ruhm erlangte, wandelte sich zu einem Ort des Grauens für politisch Verfolgte, Widerstandskämpfer und Ausgegrenzte. Die Gefangenen hatten dort unmenschliche Haftbedingungen und brutalste Foltermethoden zu ertragen, denen viele zum Opfer fielen. Bei einem Luftangriff im April 1944 wurde das Gebäude fast völlig zerstört, nach 1945 schließlich nicht wieder aufgebaut.

Gefangenentransport am Eingangstor zum Gelände des ersten Konzentrationslagers bei Dachau, 21. März 1933.
Dieses Foto wurde am 23. März 1933 in der München Augsburger Abendzeitung publiziert, allerdings auf der linken Seite retuschiert, so daß die Zuschauer und ihre Schatten nicht sichtbar waren. In dem dazu veröffentlichten Artikel wurden die Leser informiert, daß es sich um »schutzgefangene Kommunisten« handele, die hier zu gemeinnützigen Arbeiten, etwa zur Errichtung des Lagers und zur Kultivierung des versumpften Mooses, herangezogen würden. Die tägliche Arbeitszeit würde acht Stunden betragen; zusätzlich stünden heimatkundliche Vorträge auf dem Programm. Die Wirklichkeit sah für die Gefangenen ganz anders aus und war von Brutalität und Grauen bestimmt. Auch in den folgenden Jahren wurden beschönigende Artikel über das KZ Dachau veröffentlicht, beispielsweise 1936 im Illustrierten Beobachter. (Foto: Weiler)

Übergabe der Fahnen der ehemaligen Freikorps an den Stabschef der SA Ernst Röhm, 8. November 1933 auf dem Königsplatz.
Die Tradition der funktionslos gewordenen Freikorps, die sich 1919 bei der Niederschlagung der Räterepublik beteiligt hatten, ging 1933 in der SA, der »Sturmabteilung« der völkischen Bewegung, auf. Schon während der Jahre der Weimarer Republik hatte die SA mit offener Gewalt dem nationalsozialistischen Führungsanspruch zum Durchbruch verholfen. Nach dem »Röhmputsch« 1934 verlor die SA ihre politische Bedeutung, blieb aber auch unter der neuen Führung ein willfähriges Machtinstrument zur Aufrechterhaltung der nationalsozialistischen Schreckensherrschaft. (Foto: Huhle)

Der Münchner Rechtsanwalt Dr. Michael Siegel inmitten einer bewaffneten SA-Eskorte auf dem Karlsplatz, 1933.
Die Aufnahme stellt eines der wenigen bildlichen Zeugnisse der Brutalität der SA dar. Der jüdische Rechtsanwalt hatte sich Anfang 1933 gutgläubig bei der Polizei über die Mißhandlung seiner Glaubensgenossen beschwert. Ein SA-Trupp überfiel ihn daraufhin zuhause und führte ihn – barfuß und mit abgeschnittenen Hosenbeinen – mitten durch die Stadt ab. Der zufällig in der Nähe weilende Fotograf Heinrich Sanden konnte unbemerkt eine Aufnahme von dem Geschehen machen; das Foto passierte die zu diesem Zeitpunkt noch nicht lückenlos geschlossenen Zensurbarrieren und wurde in der ausländischen Presse veröffentlicht. Der Schriftzug war auf dem Originalfoto nicht deutlich lesbar und wurde auf den Reproduktionen nachgemalt; das führte dazu, daß verschiedene sprachliche Varianten des gleichen Inhalts überliefert sind.

Ehrenformation der SS im Paradeschritt anläßlich der Amtseinführung des neuen Polizeipräsidenten Freiherr von Eberstein, 15. April 1936 in der Ettstraße.
Die Polizei als staatliche Ordnungsmacht geriet nach der Machtergreifung immer stärker unter die Kontrolle der SS. Dies begann in München mit der Einsetzung des Reichsführers-SS Heinrich Himmler als Polizeipräsident, der von dieser Position aus nach und nach seine Macht über die Einheiten der Politischen Polizei in den einzelnen Ländern ausdehnte. Auch der spätere Münchner Polizeipräsident von Eberstein hatte einen hohen SS-Rang inne. Neben Eberstein nahm Gauleiter und Innenminister Adolf Wagner die Parade ab.

Wahlpropaganda für die Reichstagswahl im März 1936 am Werkstor der Bayerischen Motorenwerke an der Lerchenauer Straße und im Schaufenster einer Schusterwerkstätte.

Rosenstraße im Fahnen- und Wimpelschmuck zur Reichstagswahl vom 29. März 1936.
Die Wahlpropaganda der Nationalsozialisten in den Straßen, auf den Plätzen und an einzelnen Gebäuden der Stadt übertraf alles bisher Dagewesene. Durch das Ausschalten konkurrierender Parteien blieb der Schmuck auf einheitliche Farben und Formen beschränkt. (Foto: Valérien)

Wahllokal im Krankenhaus links der Isar, 29. März 1936.
Die Wähler wurden überdeutlich darauf hingewiesen, wem allein sie ihre Stimme zu geben hatten. Parteigenossen mit ihrem Abzeichen am Revers übten das Amt der Wahlhelfer aus. (Foto: Schlott)

Propaganda zur Volksabstimmung am 19. August 1934 an einem Straßenbahnwagen auf dem Marienplatz.
Die Bevölkerung sollte dem am 1. August erlassenen Gesetz über das Staatsoberhaupt des Deutschen Reiches zustimmen. Nach dem Tod des Reichspräsidenten Paul von Hindenburg am 2. August 1934 wollte Hitler die beiden höchsten Staatsämter, die des Reichskanzlers und des Reichspräsidenten, auf seine Person vereinigen. Dazu war eine Verfassungsänderung notwendig. (Foto: Nortz)

Lautsprecheranlagen auf der Theresienwiese, bereit zur Montage für die Übertragung der Hitlerrede aus der Ausstellungshalle im März 1936.
Die Propaganda spielte eine nicht zu unterschätzende Rolle im nationalsozialistischen Machtapparat. Die Rhetorik Hitlers schlug immer wieder die Massen in seinen Bann, vor allem bei den regelmäßig inszenierten Gemeinschaftsempfängen seiner Reden auf öffentlichen Plätzen der Stadt oder in Betrieben.
(Foto: Schödl)

Verteilung der Dr.-Goebbels-Rundfunkspende an 252 Familien im Mathäserbräu-Festsaal, 22. Dezember 1938.
Da die Rundfunkgeräte über die gleichgeschalteten Reichssender zunehmend als Propagandainstrumente in Anspruch genommen wurden, sollte nach dem Willen der Nationalsozialisten möglichst in jedem Haushalt ein Empfangsgerät stehen. Für bedürftige Familien wurden Spendenaktionen organisiert. (Foto: Nortz)

Eine Zeitungsverkäuferin, 1939.
Die Vielfalt der hier angebotenen Tageszeitungen täuscht darüber hinweg, daß es nur eine Pressemeinung zu geben hatte. Selbst das ehemals so berühmte satirisch-kritische Blatt »Simplicissimus« konnte sich keinen direkten Angriff auf die Reichsregierung oder die Partei erlauben. 1933 zunächst verboten, durfte es wieder erscheinen, als Redaktion und Verlag loyales Verhalten gegenüber der nationalsozialistischen Regierung zugesichert hatten. »Der Stürmer«, das von Julius Streicher herausgegebene Kampfblatt der SA, verbreitete regelmäßig übelste Hetztiraden gegen Juden und andere »Gemeinschaftsfremde«. (Foto: Schödl)

Schautafel der Antibolschewistischen Ausstellung, die am 7. November 1936 im Bibliotheksbau des Deutschen Museums eröffnet wurde.
Der Traditionsgau München-Oberbayern der NSDAP machte es sich zur Aufgabe, jährlich zu den Feiertagen um den 9. November eine Propaganda-Ausstellung zu zeigen. 1936 entstand in Zusammenarbeit mit der Antikomintern in Berlin und der Landesstelle des Reichsministeriums für Volksaufklärung und Propaganda die Antibolschewistische Ausstellung, die als Wanderausstellung anschließend auch in anderen Städten gezeigt wurde. Die Schautafeln bildeten den Bolschewismus einseitig als grausame und menschenverachtende Herrschaftsform ab und verherrlichten den Kampf rechter Regierungen gegen Bolschewismus und Kommunismus. (Foto: Schödl)

Pressefotograf Heinrich Hoffmann beim Fotografieren von Hitler, der einen Kranz in einem der Ehrentempel niederlegt, 9. November 1935.
Auch die Pressefotografie wurde von den Nationalsozialisten bewußt als Propagandamittel eingesetzt, die Zulassung zum Berufsstand deshalb auf Mitglieder im entsprechenden Reichsberufsverband beschränkt. Heinrich Hoffmann, ein früher Wegbegleiter Hitlers, avancierte nach der Machtergreifung zu dessen Leibfotograf. Er fotografierte selbst bald nur noch bei bedeutenden politischen und zeremoniellen Anlässen, wobei er meist – wie auch auf diesem Foto erkennbar – einen bevorzugten Platz erhielt. Von anderen Münchner Pressefotografen sind nur wenige Nahaufnahmen Hitlers erhalten. (Foto: Nortz)

Näherinnen in der Empfangshalle des Münchner Hauptbahnhofes während der Vorbereitungen für den Mussolini-Besuch im September 1937.
Die Wände der großen Halle wurden zu diesem Anlaß mit riesigen Stoffbahnen in den italienischen Farben fast vollständig verkleidet. (Foto: Nortz)

Montage des Straßenschmucks für den Mussolini-Besuch am Bahnhofsplatz.
Die riesigen goldgefärbten Adler wurden auf Pylonen gesetzt, die in überdimensionaler Größe die Form der Liktorenbündel, des italienischen Fasciozeichens, wiedergaben. Mussolini wurde wie kein anderer Staatsgast empfangen und gefeiert; die Bedeutung der Achse Berlin-Rom sollte der ganzen Welt demonstriert werden. (Foto: Nortz)

Der ehemalige englische Premierminister David Lloyd George und der deutsche Botschafter in London, Joachim von Ribbentrop, auf dem Weg zur Kranzniederlegung am Kriegerdenkmal, 7. September 1936.
Lloyd George, der 1919 den Versailler Frieden mit unterzeichnet hatte, wurde 1936 in Deutschland dennoch freundlich empfangen, da er zu diesem Zeitpunkt bereits mehrfach Kritik an den Friedensbedingungen geäußert hatte. Während seiner Deutschlandreise besuchte er auch Hitler in Berchtesgaden und zeigte sich sehr beeindruckt von der nationalsozialistischen Wirtschaftspolitik, die in wenigen Jahren die hohe Arbeitslosigkeit in Vollbeschäftigung umgewandelt hatte. Erst später erkannte Lloyd George, daß dieses Problem in Deutschland nur durch die Wiederaufrüstung gelöst worden war, und die Intention Hitlers, einen neuen Krieg zu beginnen, dahinter stand.
(Foto: Huhle)

Eine Wirtschafts- und Freundschaftsabordnung aus dem fernöstlichen Kaiserreich Mandschukuo bei der Kranzniederlegung an den Ehrentempeln, 22. September 1938. (Foto: Nortz)

Der jugoslawische Ministerpräsident und Außenminister Stojadinowitsch bei der Besichtigung der Parteibauten an der Arcisstraße, 21. Januar 1938. Stojadinowitsch (Zweiter von links) und seine Frau wurden geführt von Franz Xaver Schwarz, dem Reichsschatzmeister der NSDAP und Hausherrn des Verwaltungsbaus. (Foto: Huhle)

Empfang des englischen Premierministers Neville Chamberlain am Flughafen Oberwiesenfeld durch Reichsaußenminister Joachim von Ribbentrop, 15. September 1938.
Chamberlain fuhr von München weiter zum Obersalzberg, um im Gespräch mit Hitler die Bedingungen zu sondieren, unter denen der durch die Verschärfung der sudetendeutschen Krise bedrohte Frieden in Europa erhalten werden konnte. (Foto: Huhle)

Der französische Ministerpräsident Edouard Daladier, Reichstagspräsident Hermann Göring und der französische Botschafter André François-Poncet auf dem Weg in den Führerbau, wo am 29. September 1938 die Verhandlungen, die zum Abschluß des Münchner Abkommens führten, stattfanden. (Foto: Huhle)

Wartende Bevölkerung am Karolinenplatz während der Münchner Konferenz, 29. September 1938.
Die Zuspitzung der Sudetenkrise im Sommer 1938 hatte eine große Kriegsfurcht unter der Bevölkerung ausgelöst; dementsprechend groß war der Jubel, mit dem das Münchner Abkommen als Verhandlungsergebnis begrüßt wurde.
(Foto: Nortz)

Gruppenfoto der Verhandlungspartner im Führerbau: Chamberlain, Daladier, Hitler, Mussolini und der italienische Außenminister Graf Ciano (von links), 29. September 1938. (Foto: Hoffmann)

Bilder von feierlichen Anlässen und Ereignissen, die die außenpolitischen Interventionen und die Expansionspolitik der Reichsregierung für die Münchner Bevölkerung widerspiegelten: Verkehrsstillstand am Odeonsplatz anläßlich des Wiederanschlusses des Saarlandes, 1. März 1935. (Foto: Nortz)

Rückkehr der Münchner Truppen von der Besetzung des Sudetenlandes, Begrüßung in der Dachauer Straße, 21. Oktober 1938. (Foto: Nortz)

Begrüßung einer Ehrenkompanie des Salzburger Infanterie-Regiments 12 am Odeonsplatz nach dem »Anschluß« Österreichs, 14. März 1938. (Foto: Schlott)

Empfang für die Münchner Freiwilligen der Legion Condor in der Bayerstraße nach ihrer Rückkehr aus Spanien, 8. Juni 1939. (Foto: Nortz)

Rückkehr der SS-Verfügungstruppe der Standarte Deutschland in die Kaserne in Freimann nach der Errichtung des »Reichsprotektorats Böhmen und Mähren«, 12. April 1939. (Foto: Nortz)

Empfang für eine vom Frankreich-Feldzug zurückkehrende Division in der Kaufingerstraße, 16. Juli 1940. (Foto: Penz)

Eingang zum Bibliotheksbau des Deutschen Museums, in dem im November 1937 die antisemitische Propagandaschau »Der ewige Jude« eröffnet wurde. Die diffamierende Ausstellung, die ein bis zur Unkenntlichkeit verzerrtes Bild von der Geschichte und Kultur des Judentums wiedergab, war wiederum von der NSDAP-Gauleitung und vom Reichspropagandaamt München zusammengestellt worden. Joseph Goebbels und Julius Streicher, der Begründer des antisemitischen Hetzblattes »Der Stürmer«, hielten die Eröffnungsansprachen am 8. November 1937. (Foto: Huhle)

Schautafel in der Ausstellung »Der ewige Jude«, auf der das angeblich weltumspannende politische Machtstreben der Juden angeprangert wurde.
(Foto: Nortz)

Ausgebrannte Synagoge an der Herzog-Rudolf-Straße nach der Reichspogromnacht vom 9./10. November 1938.
Die Gewalttaten gegen die jüdischen Bewohner und gegen jüdische Einrichtungen in der Reichspogromnacht, die als spontane Reaktion auf die Ermordung des Botschaftssekretärs in Paris, vom Rath, durch den Juden Herschel Grynszpan erscheinen sollten, waren geplant und angeordnet. Nach dieser Nacht wurden die Maßnahmen zur Verdrängung der Juden aus dem öffentlichen Leben weiter verschärft.

Sich vorsichtig umblickende Menschen vor Plakatwänden am 10. November 1938.
Gauleiter Wagner ließ zu Massenkundgebungen aufrufen, um die Zerstörungen der Pogromnacht nachträglich als Folge des »Volkszorns« erscheinen zu lassen. (Foto: Engel)

Juden beim Bau des Barackenlagers in Milbertshofen an der Knorrstraße, 1941. Der endgültigen Ausgrenzung der jüdischen Mitbewohner Münchens diente 1941 die Gettoisierung im Barackenlager Milbertshofen, das sie sich selbst aufbauen mußten. Von hier aus wurden die Deportationen in die Vernichtungslager im Osten durchgeführt, von denen kaum Überlebende zurückkehrten.

Strafappell im Konzentrationslager Dachau, 1938.
Mit dem »Strafstehen« wurden im KZ Dachau nicht nur einzelne Häftlinge belegt, sondern ganze Gruppen mußten bisweilen auf dem Appellplatz antreten. Das stundenlange Stehen war nur eine Strafe in einem unmenschlichen Terror-Reglement, mit dem die Peiniger ihre Opfer nicht selten bis zu deren Tod quälten.

Wahlpropaganda in der Rosenstraße für die Volksabstimmung und Reichstagswahl am 12. November 1933.
Hitler ließ in den ersten Jahren nach der Machtergreifung durch die Propaganda immer wieder seinen Friedenswillen bekunden, obwohl er schon im Oktober 1933 den Austritt des Deutschen Reiches aus der Genfer Abrüstungskonferenz und aus dem Völkerbund veranlaßte. Gerade diese Maßnahme wollte er durch eine Volksabstimmung im nachhinein sanktionieren lassen. »Billigst Du, deutscher Mann, und Du, deutsche Frau, diese Politik Deiner Reichsregierung, und bist Du bereit, sie als den Ausdruck Deiner eigenen Auffassung und Deines eigenen Willens zu erklären und Dich feierlich zu ihr zu bekennen?« lautete die Frage, die auf dem Abstimmungszettel mit Ja oder Nein zu beantworten war. (Foto: Nortz)

Rekrutenvereidigung auf dem Königsplatz am 19. November 1938.
Schon im März 1935 setzte sich Hitler mit der Wiedereinführung der allgemeinen Wehrpflicht über die Vertragsbestimmungen des Versailler Friedens hinweg. Seit 1938 wurden die Kriegsvorbereitungen immer offener betrieben. (Foto: Huhle)

Aufmerksame und betroffene Zuhörer bei der Übertragung der Hitlerrede zum Kriegsbeginn aus einem Rundfunkgeschäft am Sendlinger-Tor-Platz, 1. September 1939.
»Es ist gänzlich unwichtig, ob wir leben, aber notwendig ist es, daß unser Volk, daß Deutschland lebt«, lautete einer der zentralen Sätze der im Reichstag gehaltenen Rede. (Foto: Nortz)

Luftschutzvorbereitungen im September 1939, Frauen und Kinder beim Abfüllen von Sandsäcken. (Foto: Schödl)

Der zerstörte Bürgerbräukeller nach dem mißglückten Attentat vom 8. November 1939, mit dem Georg Elser Hitler als den Hauptkriegstreiber beseitigen wollte. (Foto: Huhle)

Von der Erwerbslosigkeit zur Kriegswirtschaft

Nach der Etablierung der politischen Herrschaft des Nationalsozialismus und vielfach noch gleichzeitig mit ihr vollzog sich der Versuch zur Eroberung der Arbeitswelt. Denn als totalitäre Kraft, die sich zum Ziel gesetzt hatte, die gesamte Lebenswirklichkeit des Volkes zu bestimmen, konnte die nationalsozialistische Bewegung nicht vor den Toren der Betriebe haltmachen. Im Gegenteil versuchte man, die »Betriebsgemeinschaft« zum Abbild der »Volksgemeinschaft« zu formen, die Masse der Arbeitnehmer in sie zu integrieren und die Abweichler ähnlich unnachsichtig zu verfolgen, wie es im politischen Raum der Fall war. Das setzte voraus, daß die Instrumente der staatlichen Macht- und Terrorausübung auch im Bereich von Arbeit und Wirtschaft eingesetzt wurden. Schon in der Machtergreifungsphase hatten das viele Gewerkschaftsfunktionäre und Betriebsräte zu spüren bekommen. Sie teilten das Schicksal der Genossen in den Arbeiterparteien, wurden durch SA und SS terrorisiert, viele bekamen die Allzweckwaffe der »Schutzhaft« zu spüren und wurden in die Gefängnisse und Lager eingeliefert.

Es ist geradezu ein Paradigma für die nationalsozialistische Politik von »Zuckerbrot und Peitsche«, daß die Nationalsozialisten am 1. Mai 1933 zum erstenmal den »Tag der nationalen Arbeit« feierlich begingen und am 2. Mai zum endgültigen Schlag gegen die Freien Gewerkschaften ausholten. Während sie auf der einen Seite mit dem Feiertag eine alte Forderung der internationalen Arbeiterbewegung einlösten, wurden auf der anderen Seite die Arbeitnehmervertretungen überfallen, ausgeraubt, ihre Vertreter inhaftiert und durch nationalsozialistische Funktionäre, meist aus der Nationalsozialistischen Betriebszellenorganisation (NSBO), ersetzt. Am 10. Mai folgte dann der Gründungskongreß der »Deutschen Arbeitsfront« (DAF), in die die gleichgeschalteten Gewerkschaftsverbände eingegliedert wurden. Wer aber glaubte, daß die DAF damit die Nachfolge der Gewerkschaften antreten würde und zu einer autonomen Interessenvertretung der Arbeitnehmerschaft heranwachsen würde, sah sich in seinen Erwartungen enttäuscht. In dem »Aufruf an alle schaffenden Menschen« vom 27. November 1933 wurde jedweder Mitwirkung der DAF an tariflichen Regelungen oder generell an »materiellen Fragen des täglichen Arbeitslebens« eine Absage erteilt. Das »hohe Ziel« der DAF als »Zusammenfassung aller im Arbeitsleben stehenden Menschen ohne Unterschied ihrer wirtschaftlichen und sozialen Stellung« sollte vielmehr die »Erziehung (...) zum nationalsozialistischen Staat und zur nationalsozialistischen Gesinnung« sein. Die Erhaltung des Arbeitsfriedens hingegen, die Festlegung von tariflichen Mindestsätzen und die Überwachung von Entscheidungen der Betriebsführer waren das Aufgabengebiet der Treuhänder der Arbeit, die im Mai 1933 nach der Zerschlagung der Gewerkschaften ernannt worden waren und als feste Instanz durch das »Gesetz zur Ordnung der nationalen Arbeit« vom 20. Januar 1934 bestätigt wurden. Das Gesetz – kurz AOG genannt – wurde zeitgenössisch als »Magna Charta« des Arbeitswesens gefeiert, und tatsächlich wurden hier die Grundpfeiler der nationalsozialistischen Arbeitsordnung verankert. Grundprinzip war die scheinbar harmonische »Betriebsgemeinschaft«, die nach dem Führerprinzip von der Basis der Gefolgschaft (Belegschaft) bis zum Betriebsführer (Unternehmer) an der Spitze hierarchisch strukturiert war. Auch die Vertretung der Gefolgschaft, der Vertrauensrat, stand unter der Leitung des Betriebsführers und sollte diesen lediglich beraten. Trotzdem wollte man den Schein einer legitimierten Interessenvertretung der Arbeitnehmer zunächst wahren und ließ die Belegschaften in den Jahren 1934 und 1935 über jeweils feste Listen von Vertrauensräten abstimmen. Es entsprach der Praxis des Regimes, daß auch diese »Wahlen« von Propagandaaktionen und Stimmungsmache begleitet wurden, vor allem 1935, als es genügend Zeit zur Vorbereitung gab. Prominente DAF-Vertreter, wie insbesondere ihr Führer Robert Ley, und Parteigrößen wurden bemüht. Ihre Reden verbreitete der Rundfunk, und damit sie jedermann erreichten, wurden die Gefolgschaften zum »Gemeinschaftsempfang« verpflichtet. Zum reichsweiten Ereignis wurde so auch die Rede, die Rudolf Heß im Vorfeld der Vertrauensratswahlen Anfang April 1935 im Reichsbahnausbesserungswerk Freimann hielt.

Über die Vertrauensräte, mehr aber noch über ein Netz von Betriebsfunktionären und Einrichtungen gelang es der DAF, sich als feste Größe im Arbeitsleben zu etablieren. Sie wuchs sich zur größten Organisation des »Dritten Reiches« aus. Wurde das Prinzip der Zwangsmitgliedschaft auch de jure nie etabliert, so war de facto die Mitgliedschaft in der DAF eine Verpflichtung, deren Einhaltung nach örtlichen Verhältnissen unterschiedlich überwacht wurde. Immerhin wollte man offiziell nicht von der freiwilligen Mitgliedschaft in der DAF abrücken. So ließ die Parteikanzlei auf eine Anfrage der Münchner Stadtverwaltung im Juni 1942 wissen, »daß irgendwelche besonderen Zwangs- oder Druckmittel bei den Gefolgschaftsmitgliedern der Behörden nicht angewendet werden sollen«. (StadtA Mü, BuR 452/14.) Die Frage war aufgetaucht, weil zwei

Kriegsaushilfsangestellte im Steueramt der wiederholten Aufforderung zum Beitritt in die DAF nicht nachgekommen waren.

Die Aktivitäten der DAF, die ihren Erziehungs- und Schulungsauftrag sehr weit faßte, erstreckten sich vom Ausbildungssektor, über die betriebliche Sozialpolitik und die Organisation von Berufs- und Betriebswettkämpfen bis in den Feierabend der Arbeitnehmer. Nicht alles wurde mit Begeisterung aufgenommen, vor allem Betriebsversammlungen und Appelle stießen häufig auf Ablehnung bei den Arbeitnehmern oder einfach schlichte Langeweile. So berichtet die Sopade 1934 aus München – vermutlich den Verdruß der Arbeiter etwas übertreibend –, »daß das Interesse für die nationalsozialistische Betriebsarbeit unter den Arbeitern stark zurückgeht. Die Betriebsversammlungen weisen allerorts einen so schlechten Besuch auf, daß sie in verschiedenen Betrieben gar nicht mehr abgehalten werden können« (1. Jg., 1934, S. 226). Andere Angebote hingegen wurden propagandistisch und massenpsychologisch so wirksam verkauft, daß sie auf breite Resonanz stießen. Und wenn es sein mußte, konnte ja dem Prinzip der Freiwilligkeit immer noch ein bißchen nachgeholfen werden.

Die Reichsberufswettkämpfe, die Ende 1933 aufgrund einer Vereinbarung zwischen HJ und DAF eingerichtet worden waren, gehörten zu den »erfolgreichsten« Veranstaltungen und gewannen von Jahr zu Jahr mehr Teilnehmer. Jugendliche Arbeiter (1938 wurden erstmals auch Erwachsene bei den Wettkämpfen zugelassen) konnten hier ihr fachliches Geschick unter Beweis stellen. Zu den berufspraktischen und berufstheoretischen Anforderungen kamen allerdings noch »weltanschauliche« Fragen hinzu, später bildeten auch sportliche Fähigkeiten ein Kriterium. »Frauengemäß« wurde für die weiblichen Teilnehmer eine hauswirtschaftliche Prüfung in die Wettbewerbe integriert. Das Prämierungssystem umfaßte eine Palette von Vergünstigungen, die von Lehrzeitverkürzung bis zu KdF-Fahrten reichte; an der Spitze der Auszeichnungspyramide stand ein persönlicher Empfang beim »Führer«, der einem ausgesuchten Kreis von Reichssiegern gewährt wurde. Nicht nur das massive Drängen von DAF und HJ, sondern auch Wettkampfbegeisterung und die Aussicht auf Auszeichnungen dürften Jugendliche also zum Mitmachen bewegt haben. Daneben übten Ausbildungsbetriebe und Berufsschulen Druck auf ihre Lehrlinge aus.

Hinter dem Reichsberufswettkampf ebenso wie hinter dem 1936 eingeführten »Leistungskampf der deutschen Betriebe«, in dem sich Unternehmen als »nationalsozialistische Musterbetriebe« qualifizieren konnten, stand die Absicht, die Identifikation mit dem Staat und die Leistungsbereitschaft zu erhöhen. »Ständige Beschäftigung und Bewegung, Einbindung und Begeisterung, die in Aussicht gestellten Aufstiegsmöglichkeiten bei Erfolg im RBWK (Reichsberufswettkampf, Anm. d. Verf.) und verbesserte Werbemöglichkeiten im Leistungskampf sollten Arbeitnehmer und Unternehmer zu dauernden Leistungsanstrengungen im Sinn der Politik des Regimes bewegen und die Betriebsgemeinschaft im Zeichen der forcierten Aufrüstung des Vierjahresplans in eine Leistungsgemeinschaft umwandeln« (Frese, S. 411). Dieses Ziel wurde auch auf anderen Wegen von der DAF angestrebt und propagiert. So ging es in den Aktionen des Amtes »Schönheit der Arbeit« nicht nur darum, die betriebliche Sozialpolitik und das Arbeitsklima zu verbessern, sondern die Produktivität zu steigern. Wenn das Amt auch keine exekutiven Befugnisse in den Betrieben hatte, so konnte es auf der publizistisch-agitatorischen Ebene beträchtliche Wirkung entfalten. Insbesondere den groß angelegten Kampagnen, die unter den schlagkräftigen Formeln »Sonne und Grün allen Schaffenden«, »Kampf dem Lärm«, »Gutes Licht – gute Arbeit«, »Saubere Menschen im sauberen Betrieb«, »Gesunde Luft im Arbeitsraum« und »Warmes Essen im Betrieb« standen, konnten sich die Unternehmer nicht entziehen. Die hier erhobenen Forderungen nach sauberen Wasch- und Umkleideräumen, nach ansprechenden Werkskantinen, grünen Fabrikhöfen und hygienischen sanitären Anlagen zielten auf ganz einsichtige materielle Verbesserungen und waren keineswegs eine nationalsozialistische Erfindung. Neu aber war die Einbindung in Propagandafeldzüge und in den »Leistungskampf der deutschen Betriebe« sowie die enge Koppelung an wirtschaftspolitische Ziele des Nationalsozialismus.

Die Politik der Aufrüstung, die mit der Verkündung des Vierjahresplans Ende 1936 erheblich an Dynamik gewann, bedingte, daß die Nationalsozialisten insgesamt der industriellen Produktion Priorität einräumten. Wer angesichts ihrer mittelstandsfreundlichen Parolen vor 1933 erwartet hatte, daß Einzelhändler, Handwerker und Bauern im »Dritten Reich« die zentrale wirtschaftliche Rolle spielen würden, mußte bald einsehen, daß die Nationalsozialisten keineswegs daran dachten, den säkularen Trend der Industrialisierung umzukehren – im Gegenteil beschleunigte sich das Wachstum der Industriewirtschaft noch. Andererseits waren die Nationalsozialisten bemüht, alte mittelstandspolitische Forderungen zu erfüllen, um sich auch die Zustimmung dieser wichtigen Basis zu erhalten. So wurde zum Beispiel durch das Gesetz zum Schutz des Einzelhandels vom 12. Mai 1933 für den Handel und durch die Einführung des Großen Befähigungsnachweises 1935 für das Handwerk die Gewerbefreiheit abgeschafft und der Berufszugang erheblich erschwert. Andere Maßnahmen zielten auf die soziale Aufwertung des alten Mittelstandes: Im Handwerk wurden traditionelle Bräuche wiederbelebt – die Lossprechungsfeiern und das Gesellenwandern beispielsweise –, und die Parteiwürdenträger versäumten es nicht, immer wieder die Bedeutung des Mittelstandes für das deutsche Volk hervorzuheben. Besonders in den ersten Monaten nach der Machtergreifung konnten die Mittelstandsvertreter noch einen erheblichen Aktivismus entfalten und verbuchten zum Teil Erfolge für sich, die allerdings nicht alle von langer Dauer waren.

Die Kaufhäuser, Konsumgenossenschaften und Einheitspreisgeschäfte bekamen in der Machtergreifungsphase in erheblichem Maß den massiven Druck zu spüren, der zunächst vom nationalsozialistischen Mittelstandsaktivismus ausging. Wirtschaftspolitische Maßnahmen, Boykott- und Propagandaaktionen schienen die vor der Machtergreifung ausgegebenen Parolen einzulösen. Auch in München erhöhte sich nach einem Stadtratsbeschluß vom 26. September 1933 die Warenhaussteuer von 400 Prozent des Gewerbesteuergrundbetrags auf 800 Prozent. Außerdem wurde die Steuer auf Einheitspreisgeschäfte, Kleinpreisgeschäfte und Billigläden ausgedehnt. Aber gerade im Fall der Kaufhäuser sahen sich diejenigen enttäuscht, die erwartet hatten, daß der Nationalsozialismus, wie häufig angekündigt, zur vollständigen »Liquidierung« der Großbetriebsformen im Handel schreiten würde. Statt dessen bremste die Partei in verschiedenen Schritten ihren Kampf gegen die Warenhäuser ab und gab ihn schließlich angesichts der wirtschaftlich negativen Konsequenzen ganz auf. Mit einem gewissen Spott kommentierten die Berichterstatter der Exil-SPD in München, wie auch das jüdische Kaufhaus Uhlfelder diesen Richtungswechsel zu spüren bekam: »Uhlfelder, der Jude ist, mußte die üblichen Demonstrationen über sich ergehen lassen. Man proklamierte den Boykott. Anfänglich schien der Geschäftsverkehr bei Uhlfelder nachzulassen. Bald aber waren die Hemmungen der Bevölkerung wieder überwunden und man ging wieder zu Uhlfelder, weil eben dort billige Ware zu bekommen war. Und heute, nach einem Jahre erhielt Uhlfelder die Genehmigung, seine Geschäftsräume zu erweitern. Der Betrieb bei Uhlfelder ist wieder zu gewohnter Höhe angewachsen...« (Sopade-Berichte, 1. Jg., 1934, S. 426.) Allerdings, das konnten die Beobachter noch nicht ahnen, kam der Untergang für das Kaufhaus in einer späteren Phase der Judenverfolgung, als es in der sogenannten Reichskristallnacht zerstört und schließlich »liquidiert« wurde.

Bei der Agitation gegen Uhlfelder kam neben der Gegnerschaft zu Warenhäusern eine weitere, außerordentlich starke Komponente nationalsozialistischer Mittelstandsideologie zum Tragen: der Antisemitismus. Der Kampf gegen das »jüdische Großkapital« hatte den gesamten Aufstieg der NSDAP begleitet und war einer der Grundpfeiler der NS-Ideologie. Dieser Haltung hatte sich auch Karl Fiehler verschworen, der vier Tage nach seinem Amtsantritt als kommissarischer Bürgermeister von München bereits erste Maßnahmen zur Ausschaltung der Juden aus dem Wirtschaftsleben traf. Am 24. März 1933 verfügte er, daß nichtdeutsche Firmen keine städtischen Aufträge erhalten dürften, wobei er in seine Definition von »nicht-deutsch« alle Betriebe einschloß, die sich im ausschließlichen oder hauptsächlichen Besitz von Juden befanden. Bei späteren Abänderungen dieser Verfügung schuf man Möglichkeiten, die Ausnahmen für ausländische Firmen zuließen, während sich in der Praxis zeigte, daß in bezug auf jüdische Unternehmen an einer außerordentlich rigorosen Politik festgehalten wurde. Hier wollte Fiehler keineswegs Ausnahmen gelten lassen, denn, so seine absurde Begründung in der Hauptausschußsitzung des Stadtrates vom 11. Mai 1933: »Es haben bisher Millionen Deutscher kein Geschäft gemacht, und der Jude war nicht sehr rücksichtsvoll, wenn es gegolten hat, dem Deutschen die Schlinge um den Hals zu legen.« Solch blindwütiger Antisemitismus wurde in starkem Maße vom nationalsozialistischen »Kampfbund des gewerblichen Mittelstandes« unterstützt, der mit seinem Gauführer Georg Sturm bis August 1933 auch einen Vertreter im Münchner Stadtrat hatte. Und Fiehler selbst motivierte seine Verfügung vom 24. März mittelstandspolitisch, wenn er in ihrer Begründung schrieb: »Der schwer um seine Existenz ringende deutschstämmige und deutschbewußte Mittelstand hat unbedingt ein Anrecht darauf, daß die Stadt München sich mit allen Mitteln für seine Erhaltung und Förderung einsetzt.« (StadtA Mü, BuR 252/13.)

Wenngleich die Stadt bei der Ausschaltung der Juden aus dem Wirtschaftsleben häufig geradezu vorpreschte, waren die städtischen Maßnahmen natürlich begleitet von entsprechender Reichspolitik. Schritt um Schritt wurden den Juden ihre wirtschaftlichen Grundlagen genommen: Das fing an mit einem reichsweiten Boykottag gegen jüdische Geschäfte am 1. April 1933 und setzte sich mit immer weiteren Einschränkungen und Verbotsmaßnahmen gegen einzelne Berufsgruppen fort. Unterschiedlich waren die Reaktionen der Münchner Mitbevölkerung auf diesen Prozeß. Teilweise wurde die Ausschaltung der jüdischen Konkurrenz, die besonders im Handel stark war, lebhaft begrüßt und auch ausgenützt. Mancher Ladeninhaber wies durch ein Schild im Schaufenster eigens darauf hin, daß er ein »deutsches Geschäft« oder »arisches Geschäft« führte. Andererseits wollten längst nicht alle Münchner die von oben ausgegebenen Parolen befolgen. So mußte sich die Polizeidirektion München in ihrem Lagebericht vom 5. Februar 1936 beschweren, daß der alljährliche Inventur-Verkauf in einem jüdischen Stoffgeschäft in der Karmeliterstraße gezeigt habe, »daß noch ein großer Teil der Frauen und Mädchen die vom Führer aufgezeigten Richtlinien zur Lösung der Judenfrage nicht begriffen hat.« »Zeitweise stellten sich die kauflustigen Frauen in langen Schlangenlinien, die bis zu 300 Personen zählten, vor dem Geschäfte auf der Straße auf.« (Bayern in der NS-Zeit, Bd. 1, S. 458.)

Dieser Vorfall, wie bereits der zitierte Bericht über Uhlfelder, zeigt auch, daß viele Menschen schon aus wirtschaftlichen Gründen keine Neigung hatten, den Boykottparolen zu folgen. Obwohl es unter den Nationalsozialisten gelungen war, die Arbeitslosigkeit zu überwinden, blieben die Löhne und Kaufkraft der Bevölkerung im allgemeinen niedrig. Das war ein ständiger Grund der Beunruhigung, nicht nur für die Betroffenen, sondern auch für das Regime, das die Bevölkerungsmeinung sehr genau registrierte. In einem Bericht über die Feiern zum 1. Mai 1937 stellte die Polizeidirektion München etwa fest, daß die »Stimmung unter einem großen Teil der minderbemittelten Volksgenossen sehr gedrückt ist«. Diese Leute seien selbst »zum Sparen an den unbedingt zum Leben erforderlichen Dingen« gezwungen (Bay HStA, MA 106685). Weil die Nationalsozialisten sehr genau wußten, daß zu einschneidende wirtschaftliche Engpässe ihnen den Rückhalt in der Bevölkerung nehmen würden, waren sie dann auch bei Beginn des Krieges sehr darauf bedacht, die Versorgungsfrage unter Kontrolle zu bekommen. Nicht zuletzt der Erste Weltkrieg hatte ja gezeigt, daß die »Heimatfront« unter der wirtschaftlichen Not zusammenbrechen könnte. Schon vor Kriegsbeginn hatte daher der Aufbau eines voll durchorganisierten Bewirtschaftungs- und Verteilungssystems begonnen. Auch München richtete aufgrund einer Verordnung vom 29. August 1939 ein Ernährungs- und Wirtschaftsamt ein, das für die Verteilung der bewirtschafteten Lebensmittel und Güter des täglichen Bedarfs zuständig war. Zunächst ließ sich mit den Lebensmittelmarken und Bezugsscheinen auch ein erträgliches Auskommen finden, wenngleich die Qualität der bewirtschafteten Waren häufig ziemlich schlecht war. Schon 1942 zeigte das amtliche System jedoch erste auffällige Schwachstellen; Rationen mußten gekürzt werden, und die Bevölkerung fing an, sich mit Hamsterfahrten und Tauschgeschäften zu behelfen. »Mit der ersten Ernährungskrise von 1942 begann praktisch die Schwarzmarktzeit, die dann seit Ende 1944/Anfang 1945 bis nach der Währungsreform so entscheidend die Lebensverhältnisse der Bevölkerung bestimmte« (Erker, S. 25).

Trotz aller Versorgungsprobleme und ernsthaften Mängel setzte die eigentliche Hungerperiode für die Masse der Bevölkerung erst nach Ende des Krieges ein. Das galt freilich nicht für die Kriegsgefangenen und Zwangsarbeiter. Sie mußten mit weitaus niedrigeren Verpflegungssätzen als die Normalbevölkerung auskommen, wie überhaupt ihre Lebensbedingungen am Rande des Existenzminimums und häufig auch darunter lagen. Kennzeichnend war für sie das Lagerleben: im Münchner Stadtgebiet allein gab es etwa 200 Wohnlager für ausländische Arbeitskräfte. Hier mußten die Menschen unter unwürdigen Verhältnissen in Baracken »hausen«, mit minimaler Verpflegung eine Hungerexistenz führen, aber intensivsten Arbeitseinsatz leisten. In München wie anderswo war es während des Krieges nämlich nicht mehr möglich, den Produktions- und Dienstleistungssektor ohne den Einsatz Tausender von Zwangsarbeitern aufrechtzuerhalten. Hitler konnte sich aufgrund seines Bildes von der »deutschen Frau und Mutter« über lange Zeit nicht zu einer umfassenden Dienstverpflichtung für alle arbeitsfähigen deutschen Frauen durchringen. Statt dessen sollte der im Krieg immer drängendere Arbeitskräftemangel durch den Ausländereinsatz behoben werden. Für die massenweise rekrutierten Arbeitskräfte aus den von Deutschen eroberten und besetzten Gebieten gab es keine Schonung, auch nicht für die Frauen, besonders wenn die nationalsozialistische Rassenideologie ihnen von vornherein das Recht auf menschenwürdige Behandlung absprach. »›Ostarbeiter‹ und ›Ostarbeiterinnen‹ waren ohne Unterschied für die schmutzigsten und körperlich anstrengendsten Arbeiten vorgesehen« (Heusler, S. 33).

Erst als seit 1943 das Potential an ausländischen Kräften weitgehend abgeschöpft war und der »totale Krieg« immer weitere Menschenleben verschlang, wurden die Dienstverpflichtungen für Frauen verschärft. Vor allem die Rüstungswirtschaft hatte einen ungeheuren Bedarf, dem nur durch die zwangsweise Rekrutierung von Arbeitskräften nachgekommen werden konnte. Während in diesem Sektor alles getan wurde, um die Produktion weiter zu gewährleisten, mußte in den meisten anderen Bereichen der Betrieb zurückgefahren werden. Besonders schmerzhaft machte sich das seit 1943 bemerkbar. So konstatierte Bürgermeister Fiehler Anfang 1944 in seinem Leistungsbericht für das Vorjahr, daß in der städtischen Verwaltung über die Hälfte des männlichen Stammpersonals ausgeschieden sei bei gleichzeitig gestiegenen Anforderungen durch die Kriegsverwaltung. Gaststätten, Theater, aber auch Einzelhandelsgeschäfte mußten unter dem Diktat des ›totalen Krieges‹ schließen, und nur in wenigen Bereichen konnten die Lücken mühsam überdeckt werden: indem man beispielsweise Hitlerjungen zu Hilfsschaffnern für die Straßenbahn ausbildete.

Das tägliche Leben wurde für diejenigen Menschen, die trotz der Luftangriffe in der »Hauptstadt der Bewegung« blieben, immer mühsamer. Gleichzeitig wuchs die Erbitterung über den Krieg, so daß es mit Sicherheit nicht nur die Zwangsarbeiter und Lagerhäftlinge als Befreiung empfanden, als die Amerikaner schließlich am 30. April 1945 in München einmarschierten.

SA-Wache mit Maschinengewehr vor dem Gewerkschaftshaus an der Pestalozzistraße am Tag der Machtergreifung in Bayern, 9. März 1933.
Die Zerschlagung der Gewerkschaften gehörte zu einer der ersten Maßnahmen der nationalsozialistischen Regierung. Der nur geringfügige Widerstand, den die Gewerkschaften zu leisten imstande waren, ist angesichts der Aushöhlung ihres Machtpotentials durch die hohe Arbeitslosigkeit nicht weiter verwunderlich.

Werbemarsch der Arbeiter und Handwerker für die Arbeitsbeschaffungslotterie, Juli 1934.
Mit verschiedenen Maßnahmen zur Behebung der durch die Weltwirtschaftskrise ausgelösten Arbeitslosigkeit gewannen die Nationalsozialisten nach 1933 zunächst das Vertrauen weiter Bevölkerungskreise. (Foto: Nortz)

Großkundgebung im Reichsbahnausbesserungswerk Freimann anläßlich der Vertrauensratswahlen, 2. April 1935.
Die Institution der Vertrauensräte sollte den Arbeitern suggerieren, eine Interessenvertretung in dem ansonsten streng hierarchisch strukturierten Betrieb zu haben. Der Stellvertreter Hitlers, Rudolf Heß, hielt die Ansprache bei der oben abgebildeten Veranstaltung. (Fotos: Huhle, Valérien)

Münchner Arbeiter auf dem Weg nach Berlin zu den Maifeiern 1936, beim Start vom Flughafen Oberwiesenfeld.
Eine handverlesene Zahl verdienstvoller Arbeiter wurde jedes Jahr am 1. Mai von Hitler persönlich empfangen. (Foto: Valérien)

Arbeiterinnen beim Zusammenfalten und Bündeln der Münchener Zeitung im Verlagshaus an der Bayerstraße, 1938. (Foto: Schödl)

Praktische Prüfung für Pflasterer im Ausstellungspark beim Reichsberufswettkampf, April 1937. München richtete 1937 die Endwettbewerbe des Reichsberufswettkampfes für die Teilnehmer aus dem ganzen Reich aus.

Mädchen und junge Frauen bei der hauswirtschaftlichen Prüfung, die sie beim Reichsberufswettkampf generell neben ihrer fachspezifischen Prüfung abzulegen hatten, April 1937.

Kantine der Bayerischen Motorenwerke an der Lerchenauer Straße, 1935.
Mit der Gründung des Amtes »Schönheit der Arbeit« 1934 nahm die Deutsche Arbeitsfront die Unternehmer in die Pflicht, in die Gestaltung der Arbeitsplätze und der Pausenräume zu investieren. Jede Aktion dieses Amtes wurde von propagandistischem Aufwand begleitet, um den Arbeitern zu suggerieren, daß die NS-Machthaber ihre eigentlichen Beschützer und Förderer seien.
(Foto: Schödl)

Waschraum für die Arbeiter der Bayerischen Motorenwerke – mit nationalistischer Parole, 1935. (Foto: Schödl)

Mittagspause für die Arbeiter der Maschinenfabrik Hurth, 1936. (Foto: Nortz)

Arbeitspause für die Bauarbeiter beim Abbruch der Ludwigsbrücke, Herbst 1934. (Foto: Nortz)

Zu den schweren körperlichen Arbeiten, die die Häftlinge des Konzentrationslagers Dachau verrichten mußten, gehörte auch der Einsatz an der Straßenwalze; Aufnahme von 1938.

Solange noch ein Funke Leben in ihnen war, wurden Häftlinge in Dachau zum Arbeitseinsatz herangezogen. Auch handwerkliche Produkte wurden hier massenweise gefertigt; Aufnahme von 1938.

Vorbeimarsch der Wandergesellen am Mahnmal bei ihrem Abschied, April 1937.
1935 belebte die Deutsche Arbeitsfront diesen alten Brauch des Handwerkertums neu und inszenierte den Abschied der Wandergesellen zu einem öffentlichen Ereignis. (Foto: Huhle)

Handwerker der Kunstschlosserei Max Steinicken in der Nymphenburger Straße mit ihrem Werk, August 1939.
Die gigantischen Plastiken, hergestellt nach einem Entwurf des Bildhauers Emil Hipp, sollten die Akademie für Jugendführung in Braunschweig zieren. (Foto: Schödl)

Am Viktualienmarkt 1936.
Auch hier wiesen Hakenkreuz und NS-Parolen alltäglich der Käuferschaft den »richtigen« Weg. (Foto: Penz)

Anschlag am Schaufenster eines Einzelhandelsgeschäftes mit der Aufschrift »Geschäft wegen Preiswuchers polizeilich geschlossen. Geschäftsinhaber in Schutzhaft in Dachau. Der politische Polizeikommandeur Bayerns. gez. Himmler«; Mai 1933.
Mit der Verhaftung von über 200 Groß- und Einzelhändlern machte sich die Politische Polizei für den Verbraucherschutz stark. Im Völkischen Beobachter vom 22. Mai 1933 wurde der Polizeibericht zu dieser Maßnahme folgendermaßen zitiert: »In den letzten 14 Tagen hat eine Erhöhung der Butterpreise eingesetzt, die in keiner Weise gerechtfertigt ist und die große Unzufriedenheit in alle Schichten der Bevölkerung getragen hat. Der Preis für ein Pfund Butter ist im Kleinhandel von 1.- bis 1.20 M auf 1.50 bis 1.60, ja sogar 1.70 und 1.80 M gestiegen. ... Es ist das ein Geschäftsgebaren, das von diesen besonders profitlich veranlagten Kaufleuten aus früheren Zeiten übernommen worden ist, das aber bei der heutigen Regierung begreiflicherweise kein Verständnis finden konnte.«
(Foto: Huhle)

Schaufenster an der Müllerstraße im Juni 1934, anläßlich der Ostmarkwerbewochen mit handgefertigten einheimischen Produkten dekoriert.
Seit dem Boykott jüdischer Geschäfte vom 1. April 1933 warben viele Ladenbesitzer mit dem Schild »Deutsches Geschäft«. (Foto: Valérien)

Schaufenster des Modegeschäftes Kopfmiller in der Pasinger Bahnhofstraße, der heutigen Gleichmannstraße; undatierte Aufnahme.

Kennzeichnung von jüdischen Geschäften durch SA-Männer am 1. April 1933. Die erste öffentliche Maßnahme zur Ausgrenzung der Juden im wirtschaftlichen Bereich erfolgte schon bald nach der Machtergreifung mit diesem Boykottaufruf. Das hier betroffene Herrenbekleidungsgeschäft Bamberger & Hertz in der Kaufingerstraße ging 1938, ebenso wie beispielsweise das Bekleidungsgeschäft Isidor Bach in der Sendlinger Straße, in »arischen« Besitz über. (Foto: Weiler)

Innenansicht eines Kaufhauses (wahrscheinlich Uhlfelder im Rosental) nach der Reichspogromnacht vom 9. zum 10. November 1938. (Foto: Rattinger)

SA-Wache vor einem Bürogebäude am Karlsplatz, in dem einige jüdische Rechtsanwälte ihre Kanzleien unterhielten, 1. April 1933. (Foto: Weiler)

Eröffnungskongreß zum Gautag des Bundes Nationalsozialistischer Deutscher Juristen am 12. Oktober 1934 in der Aula der Universität mit einer Ansprache des damaligen bayerischen Justizministers und Leiters des Rechtsamtes der NSDAP, Hans Frank.
In den NS-Deutschen Juristenbund wurden ebenso wie in die vielen anderen nationalsozialistischen Berufsorganisationen nur »arische« Mitglieder aufgenommen. (Foto: Huhle)

Professoren der Münchner Universität beim Richtfest für das »Haus des Deutschen Rechts« in der Ludwigstraße, 31. Oktober 1937.
Das »Haus des Deutschen Rechts« diente seit der Fertigstellung 1939 als Sitz der 1933 gegründeten Akademie für Deutsches Recht. (Foto: Huhle)

Dienstpflichtige des Reichsarbeitsdienstes bei Aushubarbeiten auf der Theresienwiese, Dezember 1936.
Der Arbeitsdienst, ursprünglich zur Zeit der hohen Arbeitslosigkeit während der Weltwirtschaftskrise auf freiwilliger Basis ins Leben gerufen, wurde 1935 zur Pflicht. Die betroffenen jungen Männer wurden in eigens errichtete und kasernenmäßig organisierte Arbeitsdienstlager für die Dauer eines halben Jahres einberufen, um »gemeinnützige Arbeiten« auszuführen. Das Foto zeigt Arbeitsdienstpflichtige in ihrer Uniform bei vorbereitenden Arbeiten für die Reichsnährstandschau 1937. (Foto: Nortz)

Autobahnbau im Hofoldinger Forst südöstlich von München, 1934.
Der Arbeitsdienst wurde schon bald zu den Bauarbeiten für dieses und andere Großprojekte, die von der nationalsozialistischen Regierung als Arbeitsbeschaffungsmaßnahmen initiiert waren, herangezogen. (Foto: Paul)

Postbotin und Trambahnschaffnerinnen im Herbst 1939.
Eine für den Arbeitsmarkt völlig veränderte Situation brachte der Kriegsbeginn im September 1939. Frauen – 1933 als Arbeitskräfte unerwünscht – mußten vielfach die Arbeit der nun eingezogenen Männer übernehmen. Wie schon im Ersten Weltkrieg dienten Fotos von Briefträgerinnen und Trambahnschaffnerinnen, die mit Leichtigkeit die Arbeit dieser klassischen Männerberufe ausführten, als Propagandaobjekt. Sie verschleierten die Tatsache, daß viele Frauen jetzt schwere körperliche Arbeit, beispielsweise in der Rüstungsindustrie, zu verrichten hatten. (Fotos: Nortz)

Bei der Müllabfuhr eingesetzte Kriegsgefangene, Januar 1941.
Unter Umgehung der einschränkenden Bedingungen der Genfer Kriegsgefangenen-Konvention wurden Kriegsgefangene im NS-Deutschland häufig offiziell entlassen und als Zivilarbeiter zwangsweise verpflichtet. Sie standen der Privatwirtschaft, aber auch den kommunalen Betrieben als Arbeitskräfte zur Verfügung. (Foto: Meyer)

Arbeiterinnen in der Rüstungsproduktion bei Krauss-Maffei während des Krieges.

Betriebsmusterung durch Gauleiter Wagner bei der Weberei Kufner in Obersendling anläßlich des Leistungskampfes der deutschen Betriebe, 1940.
Parallel zu den Reichsberufswettkämpfen führte die Deutsche Arbeitsfront seit 1937 regelmäßig Leistungswettkämpfe unter den Betrieben durch. Die Aussicht auf Ehrungen und Auszeichnungen als Musterbetrieb sollte die Leistungsbereitschaft der Arbeiterinnen und Arbeiter anspornen. Gerade während des Krieges setzte man deshalb diese Tradition unvermindert fort. (Foto: Huhle)

Häftlinge des Konzentrationslagers Dachau bei der Arbeit im BMW-Werk Allach während des Krieges.

Kriegsgefangene Engländer im Arbeitseinsatz beim Straßenbau, Juni 1942.

Ausgabe von Lebensmittelmarken an BDM-Mädchen zur Weiterverteilung an die Haushalte, aufgenommen in der Gewerbeschule an der Pranckhstraße, Herbst 1939.
Die Umstellung auf die Lebensmittelrationierung erfolgte bei Kriegsbeginn problemlos, da sie seit längerer Zeit vorbereitet war. Etliche Lebensmittel waren auch vorher schon nur gegen Bezugsscheine abgegeben worden.

Schlangestehen um Lebensmittel, hier vor einer Pferdemetzgerei in der Dultstraße, 1941.
In den späteren Kriegsjahren gestaltete sich die Lebensmittelversorgung der Münchner schwieriger; Schlangestehen wurde zu einer immer häufigeren Beschäftigung. (Foto: Nortz)

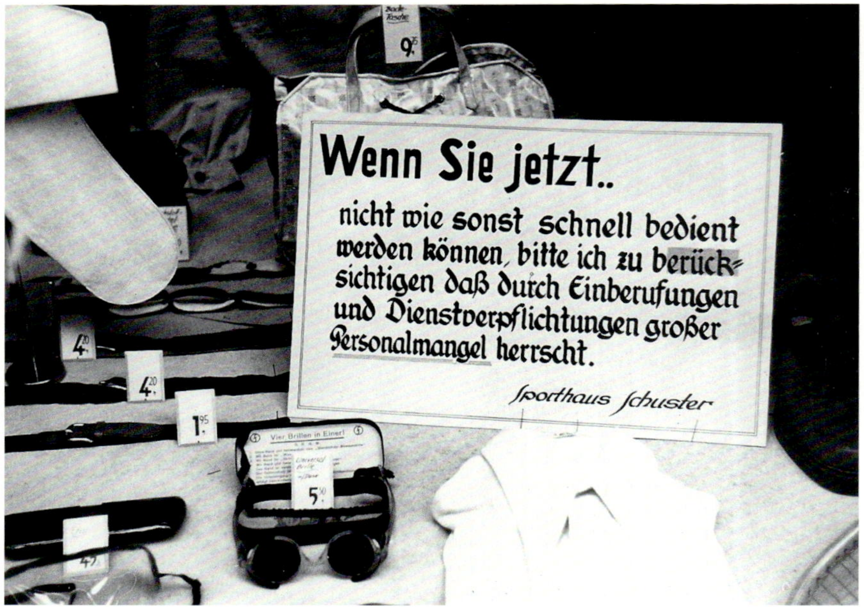

Verschiedene Schilder in Auslagen und an Ladentüren, die sowohl die eingeschränkte Versorgungslage und angespannte Arbeitsmarktlage während des Krieges als auch die anhaltende Diskriminierung der Juden dokumentieren; aufgenommen zwischen Juli 1940 und März 1942. (Fotos: Schlott)

»Auch die Lustigkeit muß organisiert werden«: Feste, Freizeit und Sport

Allen propagandistischen Beteuerungen der Nationalsozialisten zum Trotz wurde die »Volksgemeinschaft« keineswegs ständig und von allen mit Begeisterung gelebt. Da sollte man schon wieder für das Winterhilfswerk spenden, am 1. Mai konnte man sich auch etwas Besseres vorstellen, als zur Kundgebung zu marschieren, und die hohlen Reden der zweit- und drittrangigen Nazi-Funktionäre waren schon lange nicht mehr zu ertragen. Mit einer Organisation allerdings erzielten die Nationalsozialisten fast durchweg großen Erfolg, der NS-Gemeinschaft »Kraft durch Freude« (KdF). Obwohl auch hier die offizielle Propaganda zum Teil die Realität verhüllte, ist nicht zu bestreiten, daß »Kraft durch Freude« überwiegend als positive Errungenschaft des Nationalsozialismus galt und Anklang fand. Natürlich konnte nur ein ganz kleiner Prozentsatz der Arbeiterschaft von den spektakulär hervorgehobenen Seereisen und Auslandsfahrten profitieren, aber tatsächlich gelang es dieser Organisation, Freizeitkultur in neuem Maßstab zu etablieren. Die Gegner des Regimes nahmen mit Bitterkeit wahr, daß die Ausbreitung des nationalsozialistischen Organisationswesens auf die Muße- und Erholungszeiten von den Arbeitern offenbar nicht abgelehnt wurde, sondern einem weitverbreiteten Bedürfnis nach gestalteter und erfüllter Freizeit entgegenkam. Wanderfahrten, Fortbildungskurse oder Theaterbesuche kamen gut an, vor allem dann, wenn sie zu günstigen Preisen zu haben waren. So meldete die Exil-SPD im Juli 1936 aus Bayern: »Die KdF hat jetzt ihre Wanderfahrten sehr ausgebaut. (...) Auch der einfache Arbeiter kann sich solche Wanderungen leisten, denn sie kommen billiger als jede Privatwanderung. Die KdF wird bei fast allen Volksgenossen als eine wirklich anerkennenswerte Leistung des Nationalsozialismus gewertet.« (Sopade-Berichte, 3. Jg., 1936, S. 880f.)

Es ist kein Zufall, daß die Organisation »Kraft durch Freude« innerhalb der Deutschen Arbeitsfront (DAF) im Herbst 1933 gegründet wurde, zu eben dem Zeitpunkt, als der DAF weitergehende gewerkschaftliche Funktionen abgesprochen wurden. Die zunächst «Nach der Arbeit« – wie das italienische Vorbild »Dopolavoro« – genannte Freizeitorganisation erfüllte damit auch eine Kompensationsfunktion. Daß sie sich allerdings zu einem solchen Erfolgsunternehmen ausweiten würde, war bei ihrer Gründung kaum vorauszusehen. Die Tätigkeit von KdF erstreckte sich durchaus nicht nur auf die Veranstaltung von Urlaubsreisen, sondern erfaßte die ganze Palette möglicher Freizeitbeschäftigungen, von Bildungsangeboten angefangen bis zur Organisation von Sommerfesten. Das in den Sopade-Berichten (3. Jg., 1936, S. 880) zitierte KdF-Programm des Gaus München-Oberbayern für Mai 1936 gibt einen kleinen Eindruck davon: Theateraufführungen – Frauennachmittage – Kinderfeste – Fröhliche Samstagnachmittage – Gymnastikkurse – Leichtathletik (Reichssportabzeichen) – Sportspiele (auch Tennis) – Schwimmkurse – Reitunterricht – Segelsportfahrten an die Ostsee – Vorträge – Führungen durch Museen – Bildungs-Arbeitsgemeinschaften – Fachkurse (Stenographie, Deutsch, Rechnen, Musik usw.) – Kochkurse.

Der feste Platz, den die KdF-Organisation sich in der Freizeitgestaltung sichern konnte, beruhte nicht nur auf den angebotenen Neuheiten, sondern zu einem erheblichen Teil auch auf der Okkupation von Traditionseinrichtungen. In München galt das etwa für den Fasching, an dem sich KdF nach Kräften beteiligte. Die Beobachter der Exil-SPD kommentierten das Engagement der Nationalsozialisten mit der Feststellung »Auch die Lustigkeit muß heute in Deutschland organisiert werden« (Sopade-Berichte, 3. Jg., 1936, S. 164) und vermißten die ursprüngliche und ausgelassene Fröhlichkeit der früheren Jahre im nationalsozialistischen Fasching. Die Bälle der Freizeitorganisation waren für ein breites Publikum angelegt, das sich hier unter dem Motto »Auf nach Madeira« oder »Wir kurbeln an« ergehen konnte, ohne die teuren Eintrittspreise bei den gehobenen Bällen zu bezahlen. KdF war nicht die einzige nationalsozialistische Organisation, die im Fasching ein Betätigungsfeld sah. Schon bei der ersten Münchner Karnevalssaison unter den Nationalsozialisten 1934 wurden Faschingsorden für Zwecke des Winterhilfswerks ausgegeben: Bei 50 Pfennig ging es los, für ein Ritterkreuz aber mußte man fünf Mark bezahlen und der Großkomtur kostete gar 50 Mark. 1937 erlebte der organisierte Fasching mit einem Internationalen Karnevals-Kongreß, den die Nationalsozialisten nach München einberiefen, einen Höhepunkt.

Der Fasching war auch im »Dritten Reich« noch ein Anlaß, sich über die »Großkopferten« lustig zu machen. So dumm waren die Machthaber nicht, daß sie Scherze auf dieser Ebene radikal unterbunden hätten, denn schließlich wollten sie sich die Volksstimmung gewogen halten. Deshalb versuchten sie auch, nicht nur den Fasching, sondern genauso andere Traditionsveranstaltungen zu ihren eigenen zu machen. Einzigartig zeigte das Oktoberfest, wie sich das Parteiwesen mit Münchner Lebensart vermischte. An den Biertischen der Augustinerbrauerei, Wagnerbrauerei, Löwenbrauerei, des Schottenhamel, Bräurosl oder Winzerer

Fähndl vergnügten sich Braununiformierte bei einer Wies'n-Maß, die beim 125. Geburtstag des Münchner Oktoberfestes – 1935 – 90 Pfennig kostete. Im Jahr darauf durfte die Festwiese nur noch mit Hakenkreuzfahnen geschmückt werden. 1938 wurde das Oktoberfest aufgrund der vorausgehenden Sudetenkrise um eine Woche verlängert und zu einem »Großdeutschen Volksfest« erklärt.

Schon 1934 waren auf Initiative des Pferdenarrs Christian Weber die Wies'nrennen wiederaufgenommen worden, die seit dem Ersten Weltkrieg nicht mehr stattgefunden hatten. Doch auch dieser alte Brauch wurde zu einer nationalsozialistischen Veranstaltung umfunktioniert. Ein eigenes Hitlerjugend-Rennen wurde in die Wettkämpfe integriert, und am Abschlußsonntag kämpften SS-Reiterstandarten gegeneinander.

Die Pferde waren nicht nur Webers Steckenpferd, sondern wurden im nationalsozialistischen München zur Grundlage eines aufblühenden Sportzweiges. Der rührige Alt-Nazi setzte sich an die Spitze des traditionsreichen, aber finanziell arg unter Druck geratenen Münchner Rennvereins. »Für Riem und damit für den gesamten deutschen Rennsport erschien in dem Kreistagspräsidenten und Münchner Ratsherrn Christian Weber ein Retter, der mit starker Hand und einer unbeugsamen Zielstrebigkeit den Wiederaufbau übernahm, dem Rennsport neue Wege wies und mit einem durchgreifenden Organisationstalent die auseinanderstrebenden Interessen zu sammeln und neue Kreise zu gewinnen verstand, ausgehend von dem Grundsatz, daß der Pferdesport die Verbundenheit mit dem heimatlichen Boden stärkt und mit beiträgt zur Wehrhaftmachung eines Volkes...« (München im Olympia-Sommer 1936, S. 19). Was die nationalsozialistische Propaganda hier verherrlichte, war ein aufblühendes Geschäft mit dem Rennsport in München, das 1936 seinen Kulminationspunkt erlebte. Unter dem Motto »500 Jahre Deutsche Pferderennen in München« drehte sich zwei Wochen lang alles um das Pferd. Im Mittelpunkt stand die Internationale Riemer Woche mit dem 100 000 Mark-Rennen um das Braune Band von Deutschland. Dieses Großereignis des Galopprennsports wurde von einem breit gefächerten Rahmenprogramm begleitet, das von Ausstellungen über »Das Pferd in der Kunst« bis zu historischen Reiterspielen reichte. Als gesellschaftlicher Höhepunkt wurde die »Nacht der Amazonen« in den Veranstaltungszyklus aufgenommen, die von da an bis 1939 jährlich im Nymphenburger Schloßpark stattfinden sollte. War diese Freilichtrevue, die sich die höfischen Spiele des 18. Jahrhunderts zum Vorbild nahm, 1936 noch recht bieder aufgezogen, ließ Weber seit 1938 auch reitende nackte Frauen auftreten. Das führte zu zahlreichen Legenden um die wüsten Vorgänge, die sich hinter den Kulissen der an sich der Allgemeinheit zugänglichen Show abspielen sollten. Kein Wunder, denn in der Prüderie der Zeit waren nackte Busen und Bronzefarbe als einzige Körperbedeckung tatsächlich ein Ereignis.

Christian Weber und seine Gesinnungsgenossen legten großen Wert darauf, das Braune Band von Deutschland zu *dem* Turfpreis der Nation zu machen. Hartnäckig verteidigten sie die Münchner Rennsportbelange gegen den Berliner Union-Club, von dem Konkurrenz drohte. Für sie ging es um Ansehen und Stellung der »Hauptstadt der Bewegung« an sich, die immer wieder Gefahr lief, neben der Reichshauptstadt in die Bedeutungslosigkeit abgedrängt zu werden. Auch deshalb wurde der Rennsport-Rummel im Jahr 1936 so wichtig genommen, als Berlin Austragungsort der Olympischen Spiele war. München sollte gewissermaßen seinen eigenen Olympia-Sommer erhalten.

Mag es noch gelungen sein, München im Pferdesport »einen ähnlichen Platz zu verschaffen, den ihm der Führer auf anderen Gebieten zugewiesen hat« (so Christian Weber in einem Werbeblatt des Münchner Rennvereins), so war es insgesamt nicht gerade als Sportstadt des Reiches anzusehen. Die einen machten aus der Not eine Tugend und erklärten es zur Münchner Eigenart, die Sportereignisse und -rekorde gar nicht so wichtig zu nehmen, »da der Sport schließlich und endlich doch nur ein Freizeit-Erholungs*spiel*« sei (Luther, S. 641). Aber andere, etwa der Ratsherr und Sportbeauftragte im Gau München-Oberbayern Franz Reichinger, beklagten immer wieder das Fehlen eines Großstadions. Damit sei es Münchens Schicksal, neben anderen Städten wie Berlin, Nürnberg oder Düsseldorf auf sportlichem Gebiet zurückzufallen. Reichinger wollte daher ein Stadion für mindestens 60–70 000 Personen in die Reihe der vordringlich zu erstellenden »Führerbauten« aufgenommen sehen. Es gab Pläne zum Bau einer solchen Sportanlage in Riem. Hermann Gieslers Ausbaupläne für München aber sahen ein so großes Sportforum im Schlachthofviertel vor, das ebenso wie viele andere Projekte über das Planungsstadium nie hinauskam.

Im Alltag wurde in München wie überall im »Dritten Reich« dem Sport eine bedeutende Rolle zugewiesen. Ob die Hitlerjugend in ihren Lagern Geländesportübungen machte, Betriebssportappelle auf einem Fabrikhof abgehalten wurden oder Kämpfe um das SA-Sportabzeichen stattfanden, die Nationalsozialisten zielten, so die rassische Terminologie, auf eine Aufwertung des deutschen »Volkskörpers«. »Die heutige neue Zeit arbeitet an einem neuen Menschentyp. Ungeheure Anstrengungen werden auf unzähligen Gebieten des Lebens vollbracht, um das Volk zu heben, um unsere Männer, Knaben und Jünglinge, die Mädchen und Frauen gesünder und damit kraftvoller und schöner zu gestalten. ... Sport-, Wett- und Kampfspiele stählen Millionen jugendlicher Körper und zeigen sie uns nun steigend in einer Form und Verfassung, wie sie vielleicht tausend Jahre lang nicht gesehen, ja kaum geahnt worden sind.« Was Hitler hier, in seiner Rede zur Eröffnung der Großen Deutschen Kunstausstellung 1937, als humanitäres Ideal pries, diente im Grunde ganz der Funktionalität der Kriegsvorbereitungen. Und was der bei nationalsozialistischen Sportfunktionären gebräuchliche Ausdruck vom »Menschenmaterial« in letzter Konsequenz bedeutete, zeigte sich schließlich, als im Krieg unzählige Menschen für die verbrecherischen Ziele des Regimes geopfert wurden.

Mit einer wahren Flut von aufwendigen Festzügen feierten die Nationalsozialisten jeden erdenklichen Anlaß:
Festzug unter dem Motto »1000 Jahre Jagd und 1000 Jahre Tracht« anläßlich der Eröffnung des Deutschen Jagdmuseums und des letzten Oktoberfestsonntages 1938. (Foto: Nortz)

Erntedank-Festzug 1934. (Foto: Nortz)

Sommerfest der NS-Gemeinschaft Kraft durch Freude (KdF) im Ausflugslokal Menterschwaige, 22. Juli 1934. (Foto: Valérien)

Empfang für KdF-Urlauber aus Norddeutschland am Münchner Hauptbahnhof, Februar 1934.
Die ersten KdF-Urlaubsfahrten wurden jeweils mit propagandistischem Rummel begonnen und beendet. Reichsorganisationsleiter Robert Ley begrüßte hier die Norddeutschen, die auf ihrem Weg in die bayerischen Berge in München Zwischenstation machten. (Foto: Valérien)

Betriebssportappell für die Mitarbeiter des Deutschen Museums auf dem Sportplatz am Schyrenplatz, 1939.

Training der Hitlerjugend am Hirschanger, Juli 1939. (Foto: Schlott)

Als Amazonen verkleidete Frauen bei der Festveranstaltung »Nacht der Amazonen« im Nymphenburger Schloßpark, 29. Juli 1939.
Das Schauspiel der »Nacht der Amazonen«, dessen Inszenierung mit dem Auftreten leichtbekleideter und nackter Frauen den üblichen Rahmen der NS-Veranstaltungen sprengte, fand auf Initiative Christian Webers von 1936 bis 1939 jeweils im Rahmen der Internationalen Riemer Rennwochen um das Braune Band von Deutschland statt. (Foto: Schödl)

Tanzende Mädchen bei der »Nacht der Amazonen«, 29. Juli 1939. (Foto: Nortz)

Zieleinlauf beim Rennen um das Braune Band von Deutschland am 26. Juli 1936
auf der Galopprennbahn in Riem.

Eröffnung des Deutschen Jagdmuseums im Seitenflügel des Schlosses Nymphenburg, 16. Oktober 1938.
Den Grundstock der Sammlungen für das neugegründete Deutsche Jagdmuseum bildete die Gräflich Arcosche Jagdtrophäensammlung und eine vorübergehend im Armeemuseum untergebrachte Jagdwaffensammlung. Die ehemalige Orangerie des Nymphenburger Schlosses wurde im Zweiten Weltkrieg zerstört, das Jagdmuseum später in anderen Räumlichkeiten untergebracht. (Foto: Huhle)

SA-Gepäckmarsch im August 1935.
Den Zweck derartiger Veranstaltungen umreißt die im folgenden zitierte Nachricht des Völkischen Beobachters vom 27. Juni 1935: »... hat der Führer am 22. Juni 1935 für die SA einen Reichswettkampf angeordnet, der die Aufgabe erfüllen soll, die SA als den Garanten des nationalsozialistischen Staates auf ihren allgemeinen Ausbildungsstand zu prüfen und gleichzeitig ihren opferfreudigen freiwilligen Dienst, den sie unermüdlich für Bewegung und Volk leistet, in erfreulicher Weise zu fördern.« (Foto: Huhle)

Volksflugtag der Luftwaffe auf dem Oberwiesenfeld, 15. März 1936.
Kunstflieger Willi Stör, für viele Jugendliche damals ein Idol, erklärte Mitgliedern der Hitlerjugend die Propellermaschine.

Münchner Rundstreckenrennen am Bavariaring, 6. September 1936.
Einheitliche und gleichgeschaltete Organisationen waren auch im Sportwesen erwünscht. (Foto: Nortz)

Propagandalauf der Mannschaften beim 18. Staffellauf Grünwald-München am Odeonsplatz, 24. Juni 1934. (Foto: Valérien)

Zuschauer im Dantestadion beim Dritten Internationalen Hanns-Braun-Sportfest am 6. Juni 1937.
Große Sportveranstaltungen wurden generell mit Hymnen und Ansprachen, in diesem Fall mit einer Ansprache des »Führers der deutschen Leichtathletik«, Karl Ritter von Halt, eröffnet. Das Sportfest war benannt nach einem gebürtigen Münchner und sehr erfolgreichen Mittelstreckenläufer, der bei den Olympischen Spielen in Stockholm 1912 die Silbermedaille gewonnen hatte, im Ersten Weltkrieg dann aber gefallen war. (Foto: Valérien)

Reichsstatthalter Franz Ritter von Epp und Reichspropagandaminister Joseph Goebbels als Zuschauer beim Faschingszug 1935.

Faschingstreiben auf dem Marienplatz, 1938. Einer der Teilnehmer bezog das Emblem der SS-Totenkopfverbände in seine Maskerade ein. (Foto: Nortz)

Wagen im Faschingszug 1938 mit Anspielungen auf den angekündigten KdF-Wagen und auf die Eintopfsonntage des Winterhilfswerkes. (Foto: Götz)

Faschingswagen von Karl Valentin und Liesl Karlstadt beim Zug 1934.

Teilnehmer des Ersten Internationalen Karnevalskongresses bei ihrer Arbeitstagung im Kongreßsaal des Deutschen Museums, 15. Januar 1937.
Die Teilnehmer, die aus Blackpool in England, Sittard in Holland, Binche in Belgien, aus Prag, Venedig und Malmedy angereist waren, lauschten ernsthaften Vorträgen, die beispielsweise die Geschichte des italienischen Karnevals und die kulturellen Aufgaben des Karnevals zum Inhalt hatten oder »Prinz Karneval als Wirtschaftsführer« vorstellten.

Schwabinger Atelierfest, 1935. (Foto: Schödl)

Aufstellen des Maibaums in Großhadern, 1934.
(Foto: Schödl)

Starkbier-Ausschank am Nockherberg, März 1935. (Foto: Schödl)

Festbesucher am Hauptsonntag auf dem Oktoberfest 1936.

Kellnerinnen beim Einzug der Wies'nwirte, Oktoberfest 1936. (Foto: Nortz)

Schachspieler und ihre Zuschauer im einstmals berühmten Literaten-Café Stefanie in der Amalienstraße, um 1935.

Eisstockschießen am Nymphenburger Kanal, Winter 1936/37. (Foto: Nortz)

Badevergnügen im Bad Maria Einsiedel, Juli 1934. (Foto: Valérien)

Vorführung des KdF-Wagens auf der Straßenbaumaschinen-Ausstellung im Ausstellungspark, September 1938.
Der für alle erschwingliche »Volkswagen«, in der Propaganda meist als KdF-Wagen bezeichnet, war einer der Köder, mit denen Hitler und seine Anhänger sich die Bevölkerung gewogen halten wollten. 990,- RM sollte das Auto kosten, 1050,- RM in der Cabrio-Ausführung. Der Erwerb konnte nur durch Vorfinanzierung über Sparmarken erfolgen. Am 1. August 1938 lief die Sparaktion an; jede Woche mußte der künftige Autobesitzer eine Marke im Wert von mindestens 5,- RM auf seine Sparkarte kleben, die er bei der nächsten Dienststelle der NS-Gemeinschaft Kraft durch Freude erwerben konnte. Die wenigen Volkswagen, die 1939 schon zur Auslieferung kamen, wurden gleich nach Kriegsbeginn wieder für militärische Zwecke eingezogen. Für die vorfinanzierte Kaufsumme erhielten die Beteiligten nie einen realen Gegenwert. (Foto: Nortz)

Auto-Camp-Lager bei der Floßlände an der Isar, Sommer 1937. (Foto: Huhle)

Volksfest auf der Zirkuswiese, August 1940.
Während des Zweiten Weltkrieges entfiel das traditionsreiche Münchner Oktoberfest. Lediglich im August 1940 organisierten nochmal einige Schausteller ein vergleichsweise kleines Volksfest, das auf der Zirkuswiese an der Martin-Greif-Straße stattfand. Zum Schutz der Festbesucher bei plötzlichen Luftangriffen waren Splitterschutzgräben ausgehoben worden. Im Hintergrund ist auf dem Foto die leere Theresienwiese zu sehen. (Foto: Schlott)

Kirchliches und kulturelles Leben

Insbesondere an der Institution der Kirche mußten die Nationalsozialisten erkennen, daß es Grenzen für ihre »Volksgemeinschaft« gab. Im kirchlichen Leben wurden Resistenzkräfte wirksam, die für die Vertreter des Staates immer wieder Anlaß zur Verärgerung und auch zum Einschreiten waren. Nicht umsonst sind die überlieferten Lageberichte der Polizeidirektion München und staatlicher Stellen voll von Vorkommnissen, die Geistliche, aber auch häufig das Kirchenvolk betreffen. Es mußten dabei keineswegs offene Äußerungen gegen den Nationalsozialismus sein, die die Ordnungskräfte auf den Plan riefen. So wurde 1936 gegen einen katholischen Pfarrer im Landkreis München Anzeige erstattet, weil er die Gemeindeglieder zur Sammlung für die Innenausstattung des Kirchenneubaus aufgefordert hatte. In der erfolgreichen Spendenaktion sah man eine »Sabotage« des Winterhilfswerkes. Häufig wurden aber auch eindeutig regimekritische Äußerungen und Verhaltensweisen von kirchlichen Kreisen registriert. In ihrem Monatsbericht vom 9. Oktober 1934 etwa berichtet die Polizeidirektion München über eine Kundgebung vor der Matthäuskirche nach einem Gottesdienst am 16. September 1934, in deren Verlauf scharf gegen den regimegetreuen Reichsbischof Ludwig Müller und den fränkischen Gauleiter Julius Streicher Stellung bezogen worden sei.

Wenngleich die Kirchen somit eine gewisse Gegenkraft zum Nationalsozialismus darstellten, läßt sich das Verhalten der Geistlichen während des »Dritten Reiches« keineswegs durchgängig als Widerstand interpretieren. Vielmehr, das gilt auch für die Münchner Geistlichkeit, lagen die Dinge komplizierter, und das Spektrum der Verhaltensformen reichte von Anpassung über Nonkonformität bis zur offenen Gegnerschaft. Im Machtergreifungsjahr schien es zunächst sogar so, als würden sich die Kirchen den neuen Verhältnissen unterwerfen. Viele evangelische Pfarrer reihten sich in die Menge derjenigen ein, die in Hitler den Retter Deutschlands sahen, und bejubelten die »nationale Revolution«. Auch in der katholischen Kirche ließ man sich blenden, glaubte Hitlers Erklärung vom 23. März 1933, daß die Rechte der christlichen Konfessionen nicht angetastet werden sollten. Insbesondere das Reichskonkordat vom 20. Juli 1933 trug dazu bei, den kirchenfeindlichen Kurs des Regimes zu verbrämen und etliche Katholiken mit dem NS-Staat auszusöhnen. Auch der Münchner Kardinal Faulhaber zeigte Bereitschaft, sich mit dem Nationalsozialismus zu arrangieren und – so seine eigenen Worte – »Toleranz gegen die neue Regierung zu üben« (Gritschneder, Faulhaber, S. 31). In den folgenden Jahren gehörte Faulhaber aber häufig zu den vehementen Kritikern des Nationalsozialismus: Die nationalsozialistische Schulpolitik, Konkordatsbrüche und andere Rechtsbrüche griff er in sehr deutlichen Worten an. Und in seinen Adventspredigten hatte er schon zu Ende des Jahres 1933 ein Zeichen gegen die Rassenpolitik des Regimes gesetzt. Zu offenen Protestworten gegen die Verfolgung der Juden fand Faulhaber allerdings nicht, auch nicht nach den Pogromen der »Reichskristallnacht«.

Scharf und unmißverständlich verurteilte der Kardinal jedoch die Maßnahmen der Nationalsozialisten gegen Pater Rupert Mayer in seiner »Flammenzeichen-Predigt« vom 4. Juli 1937. Dem sollte Faulhabers Intervention aber nichts nützen. Der Münchner Jesuitenpater, der sich von den Nazis nicht den Mund verbieten ließ, mußte in der ersten Hälfte des Jahres 1938 für mehrere Monate in der Haftanstalt Landsberg eine vom Sondergericht München verhängte Gefängnisstrafe absitzen. Auch später fand Pater Rupert Mayer keine Ruhe vor den Schergen des NS-Staates, bis die Gestapo ihn im Jahr 1940 in die »Verbannung« schickte. Im Kloster Ettal wurde der unbequeme Jesuit von jeglicher Politik ferngehalten und zur Ruhe gezwungen.

»Das Jahr 1934 brachte (...) für viele Pfarrer die Ernüchterung«, so beschreibt Björn Mensing die »Katerstimmung« in der evangelischen Geistlichkeit Münchens (S. 119). In diesem Jahr kam es bereits zu scharfen Konfrontationen mit dem Regime, das im Herbst versuchte, den erst 1933 inthronisierten Landesbischof Meiser abzusetzen. Während er im Gebäude des Landeskirchenrates an der Arcisstraße (heute Meiserstraße) in München arrestiert wurde, liefen die evangelischen Gemeinden Sturm und zeigten ihre Solidarität mit dem Landesbischof. Hitler selbst veranlaßte schließlich, daß die Absetzung rückgängig gemacht wurde. Die evangelische Landeskirche in Bayern blieb unter Meiser während der gesamten Zeit des »Dritten Reiches« auf eigenständigem Kurs und ließ sich nicht unter das Regiment des systemtreuen Reichsbischofs Müller nehmen. Die Münchner Pfarrer waren überwiegend auf der Seite der Bekennenden Kirche zu finden.

Die Kirchen waren während der Zeit der nationalsozialistischen Herrschaft die einzige öffentliche Institution, die sich, wenn auch mit Einschränkungen, als Gegenkraft zum Nationalsozialismus halten konnte. Das religiöse Leben bot vielen einen gewissen Schutz, eine Möglichkeit zur Flucht vor der Allgegenwärtigkeit des NS-Staates. In

Pater Rupert Mayer bei der Caritas-Sammlung am 18. Mai 1935.
Die Caritas-Sammlung wurde im Lauf dieses Tages von nationalsozialistisch gesinnten Studenten, SA- und SS-Männern massiv gestört, so daß die Polizei die dadurch entstandenen Unruhen zum willkommenen Anlaß nehmen konnte, die ursprünglich genehmigte Sammlung schon nach einem halben Tag zu verbieten.

sehr viel geringerem Maß traf das auch auf den Bereich der Kultur zu. Die Nationalsozialisten hatten von Anfang an versucht, das Kulturleben im Sinn des NS-Staats auszurichten. Ganz sollte ihnen das nie gelingen; auch in diesem Bereich blieben Nischen. Ein Rühmann-Film im UFA-Palast, eine Komödie im Volkstheater – solch völlig unpolitische Unterhaltung bot Gelegenheit zum Rückzug aus dem von der Partei dominierten Alltag. Doch war gerade in der Münchner Kulturszene bei weitem nicht alles unpolitisch, was während des »Dritten Reiches« geboten wurde. Das 1938 von Adolf Gondrell und Theo Prosel eröffnete Kabarett »Die Bonbonniere« etwa leistete es sich, Hitlers Baupläne zu verulken. Eine Zeitzeugin, die zu Besuch aus Breslau in München war, berichtete, wie unwohl ihr war, als die Zuschauer angesichts einer besonders gelungenen Szene in brüllendes Gelächter ausbrachen. Aber ihre Freunde lachten bloß: »›Wir sind ja schließlich in der Hauptstadt der Bewegung‹, sagten sie, ›da können wir uns das schon leisten.‹« (Preis, S. 63 f.) Auch die Berichte der Exil-SPD weisen an verschiedenen Stellen darauf hin, daß in München relativ große Toleranz für künstlerische Freiheiten herrschte. Allerdings gingen die Sozialdemokraten davon aus, daß die bei Kabarettabenden und ähnlichen Veranstaltungen geübte Kritik von oben »konzessioniert« war und man sich damit bewußt die Gunst der Münchner erkaufen wollte (Sopade-Berichte, 5. Jg., 1938, S. 143 f.).

Ein gewisses Maß an Freiheit wurde gerade auch bekannten Künstlern in München zugestanden, deren große Namen man nicht verlieren wollte. Die Machtergreifung hatte ohnehin zum Exodus einiger der hervorragendsten Vertreter der Kultur in München – mit Thomas Mann und seiner Familie als prominentesten Beispielen – geführt. Für alle Kulturschaffenden im nationalsozialistischen München, die sich entschlossen hatten, mit dem Regime zu leben und dennoch ihre künstlerische Freiheit zu bewahren, war es aber ein äußerst schwieriges Lavieren.

In besonderem Maß zeigen das die Münchner Kammerspiele, die sich unter der künstlerischen Leitung Otto Falckenbergs während der Weimarer Zeit herausragend entwickelt hatten. Die Machtübernahme der Nationalsozialisten brachte Falckenberg auch ein paar Tage Schutzhaft im März 1933 ein, einige Mitglieder seines Ensembles wurden in die Emigration gezwungen, etwa die bekannte Schauspielerin Therese Giehse. Falckenberg blieb jedoch in München und konnte der Spielplangestaltung gewisse Freiräume erhalten; das gelang allerdings häufig nur noch durch den Rückzug auf das Unterhaltungsgenre oder die unangefochtenen Klassiker. Besonders schwierig war es im Bereich zeitgenössischer Dramatik, was sich darin zeigt, »daß an den Kammerspielen, die sich einst als Bühne der literarischen Avantgarde profiliert hatten, in den Jahren 1933–44 außer Hauptmanns ›Iphigenie‹ praktisch kein ernstes deutsches Gegenwartsdrama zur Aufführung gebracht wurde« (Euler, S. 133). Immerhin mußten die Kammerspiele weniger Konzessionen an den Geschmack der neuen Machthaber machen als etwa das Bayerische Staatsschauspiel. Hier wurde schon im Mai 1933 mit einem »echt nationalsozialistischen« Drama, nämlich »Schlageter« von Hanns Johst, den neuen Verhältnissen Rechnung getragen. Besonders in den Dienst des NS-Staates genommen wurde auch das Prinzregententheater, das die nationalsozialistische Freizeitorganisation »Kraft durch Freude« seit Oktober 1934 als »Theater des Volkes« führte.

Zu Beginn des Jahres 1939 wurden die Kammerspiele ebenso wie das Volkstheater »Bühne der Hauptstadt der Bewegung« und verloren den Status eines Privattheaters. Damit konnte die Stadt einen Punkt in ihren

Bemühungen verbuchen, mehr Kompetenz im Kulturbereich an sich zu ziehen. 1934 hatte der Stadtrat in dieser Absicht das Kulturamt eingerichtet, damit sollte dem Bereich des Kulturellen in der Stadtverwaltung endlich ein angemessener Platz eingeräumt werden. Dieser an sich nicht schlechte Gedanke wurde aber durch Fiehlers Bemühungen um eine straff nationalsozialistische Ausrichtung des Amtes konterkariert, die seinen Ansichten folgte, daß die Entwicklung des Kultur- und Kunstlebens vor allem eine »weltanschauliche Frage« sei. An die Spitze stellte man den Stadtrat und damals sehr populären Schriftsteller Hans Zöberlein, der für seinen in hoher Auflage verbreiteten Kriegsroman »Der Glaube an Deutschland« 1933 den Literaturpreis der Stadt erhalten hatte. Selbst dieser aggressive »alte Kämpfer«, der zu Kriegsende nochmals unrühmlich als Führer einer sogenannten Werwolf-Kompanie hervortrat, konnte nicht verhindern, daß München wie auf so vielen anderen Gebieten auch im Kulturellen die städtische Autonomie nicht behaupten konnte. Als Hitler 1935 anläßlich einer Auseinandersetzung um die künstlerische Gestaltung der Ludwigsbrücken seine Unzufriedenheit mit der Arbeit des Kulturamtes äußerte, wurden Hans Zöberlein und der Leiter der Abteilung Bildende Kunst, Hans Flüggen, zum Rücktritt gezwungen. Neuer Direktor wurde Max Reinhard, ein eher gemäßigter Nationalsozialist, der 1934 zunächst die Leitung der Abteilung »Literatur und Theater« im Kulturamt übernommen hatte. Ihm zur Seite stellte man fachliche Beiräte, die mit damals prominenten und »zuverlässigen« Kunstschaffenden der verschiedenen Sparten besetzt wurden, etwa dem Maler Adolf Ziegler, dem Bildhauer Ferdinand Liebermann oder dem Generalintendanten der staatlichen Bühnen Oskar Walleck.

Es war aber nicht das städtische Kulturamt, das den letztentscheidenden Einfluß auf die Münchner Kulturpolitik im »Dritten Reich« gewann. Da gab es mächtige lokale Instanzen, allen voran den Gauleiter Adolf Wagner, der nach dem Tod des bayerischen Kultusministers Hans Schemm im Jahre 1935 vor allem das Theaterwesen in seinen Machtbereich integrierte. Seit November 1936 übernahm Wagner, der bereits bayerischer Innenminister war, auch das zunächst interimistisch geführte Kultusministerium. Über Wagner standen noch die Reichsinstitutionen, deren wichtigste im Kulturbereich das Propagandaministerium darstellte – unter dem gefürchteten Joseph Goebbels, zugleich auch Präsident der Reichskulturkammer. Nicht zuletzt war es Hitler selbst, der immer wieder über Einzelfragen der Münchner Kulturpolitik entschied. Er hatte sich zum Ziel gesetzt, aus der »Hauptstadt der Bewegung« auch die »Stadt der deutschen Kunst« zu machen, und verhalf damit dem schon traditionellen Anspruch Münchens, die führende Kunststadt des Reiches zu sein, zu neuer Geltung, freilich in seinem Sinn.

Schon 1933 hatte Hitler bei der Grundsteinlegung zum Haus der Deutschen Kunst erklärt: »Wenn Berlin Hauptstadt des Reiches ist, Hamburg und Bremen die Hauptstädte der deutschen Schiffahrt, Leipzig und Köln Hauptstädte des deutschen Handels, Essen und Chemnitz Hauptstädte der deutschen Industrie, dann soll München wieder werden Hauptstadt der deutschen Kunst.« Mit solchen Worten hob Hitler nicht nur die generelle Bedeutung Münchens für die Kunst hervor, sondern rückte die Stadt in den Mittelpunkt des nationalsozialistischen Kunstverständnisses. Hier sollte die »deutsche Kunst« ihr Zentrum finden, der totalitäre Anspruch auf die »richtige Kunst« verwirklicht werden. Das zeigte sich in aller Deutlichkeit bei der Eröffnung des Hauses der Deutschen Kunst 1937. Mit einem aufwendig inszenierten Tag der Deutschen Kunst wurde dieses Ereignis begangen. Der Festzug »Zweitausend Jahre Deutsche Kultur« übertraf alles, was bisher an ähnlichen Umzügen gestaltet worden war. In drei Kilometer Länge reihten sich die verschiedenen Gruppen mit symbolhaften Darstellungen von den alten Germanen bis zur »neuen Zeit« aneinander. Das Haus selber wurde mit einer »Großen Deutschen Kunstausstellung« eröffnet, die den Besuchern das repräsentative Bild der nationalsozialistischen Kunst vermitteln sollte. Das war ein schwieriges Unterfangen, wie die heftigen Auseinandersetzungen der Ausstellungsjury mit Hitler zeigten. Während die »Große Deutsche Kunstausstellung« die in nationalsozialistischen Augen »richtige« Kunst präsentierte, wurde parallel dazu in den Hofgarten-Arkaden »entartete Kunst« gezeigt. Mit dieser entwürdigenden Diffamierungs-Schau wurde das Schicksal der Moderne in Nazi-Deutschland besiegelt. Für etliche Besucher, die hier weitaus zahlreicher als zur »Großen Deutschen Kunstausstellung« einströmten, mag die Präsentation eine letzte Chance gewesen sein, die von ihnen geschätzten Bilder Paul Klees, Max Beckmanns, Wassily Kandinskys und zahlreicher anderer berühmter Künstler zu sehen.

Zielte Hitlers Engagement für die nationalsozialistische Kunststadt München zwar in besonderem Maße auf die bildende Kunst, so blieben auch andere Bereiche des Münchner Kulturlebens keineswegs von Interventionen der nationalsozialistischen Führung ausgenommen. Zu spüren bekam das etwa der Dirigent der Bayerischen Staatsoper Hans Knappertsbusch, der sich bei Hitler unbeliebt machte und 1935 sein Amt in München aufgeben mußte. Während er später an der Wiener Staatsoper die kommissarische Leitung übernahm, folgte ihm in München Clemens Krauss. Unter ihm wurde die Verbindung der Münchner Oper zu einem der größten lebenden Komponisten, Richard Strauß, weiter ausgebaut. 1942 erlebte die Zusammenarbeit der beiden Musiker einen Höhepunkt, als »Capriccio – ein Konversationsstück für Musik« uraufgeführt wurde. Das war bereits mitten im Krieg, und viele Aufführungen sollten nicht mehr im Nationaltheater stattfinden. Bei einem Angriff am 3. Oktober 1943 wurde die Oper durch Brandbomben zerstört. Auch andere Münchner Theater fielen bald dem Bombenhagel zum Opfer: Am 18. März 1944 das Residenztheater, am 13. Juli das Volkstheater, drei Tage später das Gärtnerplatztheater. Am 1. September 1944 wurden auf Anordnung Goebbels' alle Theater geschlossen.

Kardinal Faulhaber bei der Weihe des Missionsflugzeuges »Das fliegende Kreuz« auf dem Flughafen Oberwiesenfeld, 28. April 1935.
Das Flugzeug des »fliegenden Paters« Paul Schulte gehörte der Missionsverkehrs-Arbeitsgemeinschaft, kurz »Miva«, an, die den deutschen Missionen in anderen Erdteilen Flugzeuge und Lastkraftwagen zur Verfügung stellte. Hinter dem Flugzeugrumpf sind neben dem Kameramann der berühmte Ozeanflieger Hauptmann Köhl und eben jener Pater Paul Schulte zu sehen.

Wallfahrt nach Maria Eich, 1937. (Foto: Penz)

Fronleichnamsprozession der Pfarrei St. Anna, 1938. (Foto: Penz)

Trauerzug mit dem Sarg des ehemaligen Benediktinerabtes Albanus Schachleiter am 22. Juni 1937 vor der Allerheiligenhofkirche am Marstallplatz. Schachleiter, der ehemalige Abt des Klosters Emaus in Prag, hatte sich in den zwanziger Jahren in München als Kirchenmusiker betätigt und eine Schola Gregoriana an der Allerheiligenhofkirche geführt. Schon vor der Machtergreifung gab er sich als überzeugter Nationalsozialist und Hitleranhänger zu erkennen. Da er mit seinen politischen Äußerungen bald im Widerspruch zur offiziellen Haltung der katholischen Kirche gegenüber der NS-Bewegung stand, erhielt er schon im Juni 1932 Zelebrationsverbot innerhalb der Erzdiözese München-Freising. Die NSDAP dankte ihm seine Unterstützung und ehrte ihn dementsprechend: Beim Staatsbegräbnis auf dem Waldfriedhof nahmen unter anderem Hitlers Stellvertreter Rudolf Heß, Gauleiter Adolf Wagner, Ministerpräsident Ludwig Siebert, Reichsstatthalter Ritter von Epp, Oberbürgermeister Karl Fiehler und Reichsjugendführer Baldur von Schirach teil. (Foto: Huhle)

Einweihung des evangelisch-lutherischen Gemeindehauses in Freimann, April 1935. (Foto: Seiffert)

Landesbischof Meiser auf dem Balkon des Landeskirchenratsgebäudes an der Arcisstraße (heute Meiserstraße), 16. September 1934.
Im Herbst 1934 nahmen die Spannungen zwischen nationalsozialistischer Führung und evangelischer Kirche in Bayern zu. Empört über einen Hetzartikel gegen Meiser in der »Fränkischen Tageszeitung« bekundeten evangelische Christen ihre Solidarität mit ihm. Im selben Gebäude wurde Meiser wenig später arrestiert, bis die Nationalsozialisten aufgrund der scharfen Proteste den Landesbischof wieder in sein Amt einsetzten.

Der Komponist Hans Pfitzner am Dirigentenpult beim Werkkonzert im Reichsbahnausbesserungswerk Freimann, 19. März 1937.
»Freude und Gemeinschaft« war das Motto dieser Veranstaltung. Nach »sozialistischem« Ideengut sollten auch einfache Arbeiter an dem Genuß künstlerischer Darbietungen teilhaben. Das Pausenkonzert wurde über den Rundfunk in andere Betriebe übertragen, in denen sich die Mitarbeiter ebenfalls zum Gemeinschaftsempfang versammelten. (Foto: Schödl)

Festkonzert im Odeon mit Generalmusikdirektor Franz Adam, 27. April 1942. Im April 1942 fand in München eine Woche der zwischenstaatlichen Kulturarbeit mit Vertretern der befreundeten und verbündeten Staaten statt. Die deutsch-bulgarische Gesellschaft lud zu diesem Festkonzert ein. Das Odeon, Münchens berühmter Konzertsaal, wurde zwei Jahre später bei einem Bombenangriff total zerstört.

Jubiläumskonzert der Münchner Philharmoniker anläßlich ihres 45jährigen Bestehens, 31. Oktober 1938 in der Tonhalle, unter der Leitung von Oswald Kabasta.
Kabasta hatte 1938 von seinem Vorgänger Siegmund von Hausegger die Leitung der Philharmoniker übernommen. Gefeiert wurde er vor allem als Bruckner-Interpret. Bei den Konzerten der Philharmoniker in der Tonhalle an der Türkenstraße standen während der NS-Zeit hauptsächlich die Orchesterwerke deutscher Komponisten auf dem Programm. (Foto: Schlott)

Boykottaufruf der Münchner Polizeidirektion gegen ein Konzert der Comedian Harmonists in der Tonhalle.
Die nationalsozialistische Reichskulturkammer verbot 1934 weitere Auftritte der sehr erfolgreichen Truppe, die mit ihren Schlagern »Veronika, der Lenz ist da«, »Wochenend und Sonnenschein« und vielen anderen bis dahin große Triumphe gefeiert hatte.

Auftakt zur großen Bücherverbrennung am 10. Mai 1933: Die Münchner Studentenschaft feierte in Anwesenheit von Professoren und Vertretern der Staatsregierung die »nationale Revolution« im Lichthof der Ludwig-Maximilians-Universität. Ein Fackelzug zum Königsplatz schloß sich an, wo auf vorbereiteten Scheiterhaufen unliebsame Schriften verbrannt wurden. Ähnliche Veranstaltungen fanden in vielen Städten des Reiches statt.
(Foto: Valérien)

Lodernder Scheiterhaufen am Königsplatz, 10. Mai 1933.

Georg Britting und Ruth Schaumann beim Signieren ihrer Bücher in der Bücherstube Horst Stobbe anläßlich der Woche des Deutschen Buches im Herbst 1935.
Schriftsteller und Schriftstellerinnen, die sich – auch wenn sie keine überzeugten Anhänger der NS-Ideologie waren – nicht zur Emigration entschließen konnten, suchten und fanden teilweise Nischen, in denen sie – mehr oder weniger angepaßt – arbeiten und weiter publizieren konnten. An den Werken Georg Brittings schätzten die Nationalsozialisten die sprachschöpferische Kraft seiner heimatgebundenen Erzählungen, Dramen und Gedichte. Die von einer bewußt katholisch-religiösen Haltung geprägten Werke Ruth Schaumanns, die 1932 als erste Frau den Literaturpreis der Stadt München erhalten hatte, eckten bei den Machthabern stärker an, jedoch ohne daß es zum Publikationsverbot für die vielseitige Künstlerin kam.
(Fotos: Schödl)

Hans Zöberlein, vielgeehrter Autor des Buches »Der Glaube an Deutschland«, bei einer Ansprache am Kriegerdenkmal, 12. November 1935.
Hans Zöberlein hatte 1933 den Literaturpreis der Stadt München verliehen bekommen und war vorübergehend sogar vom nationalsozialistischen Stadtrat zum Kulturamtsleiter ernannt worden. Als engagierter Soldat hatte er im Ersten Weltkrieg vielfache Auszeichnungen erhalten und hielt in den folgenden Jahren engen Kontakt zu Militär- und Veteranenkreisen, die ihrerseits den kriegerischen und militärverherrlichenden Tenor seiner Bücher und Reden schätzten. Bei dem hier dargestellten Anlaß sprach er als Präsident des Ordens der Bayerischen Tapferkeitsmedaille. (Foto: Valérien)

Feier zum 50. Todestag Richard Wagners vor dem Wagner-Denkmal am Prinzregentenplatz, 11. Februar 1933.
Das Richard-Wagner-Jahr 1933 begann mit einer heftigen Auseinandersetzung: Thomas Mann hatte einen Vortrag über den Komponisten gehalten, in dem er sich gegen eine einseitige heroisierende Verherrlichung und für eine differenzierte Auseinandersetzung mit dessen Werken aussprach. Der heftige Protest der »Richard-Wagner-Stadt München« folgte prompt, Thomas Mann kehrte von einer Vortragsreise im Februar 1933 nicht mehr nach Deutschland zurück. An dem Tag, an dem er München verließ, fand am Wagner-Denkmal eine der letzten öffentlichen Feiern ohne Hakenkreuzschmuck statt. Kurz vor der Machtergreifung in Bayern waren Staat und Stadt bei diesem Anlaß noch durch Mitglieder der Bayerischen Volkspartei offiziell vertreten: Kultusminister Dr. Franz Goldenberger als Festredner (links) und Oberbürgermeister Karl Scharnagl (im Vordergrund, mit Brille). (Foto: Huhle)

Ehrung des Dirigenten und Komponisten Siegmund von Hausegger durch die Stadt München anläßlich seines 70. Geburtstages, 16. August 1942.
Bei der Morgenfeier im Künstlerhaus vertrat Kulturamtsleiter Max Reinhard die Stadt.

Szenenaufnahme der Oper »Macbeth« von Giuseppe Verdi im Nationaltheater mit Hildegard Ranczak als Lady Macbeth (vorne in der Mitte) und Heinrich Rehkemper als Macbeth (hinten, mit Krone).
Die musikalische Leitung dieser am 22. Dezember 1934 erstmals in München aufgeführten Oper hatte Intendant Hans Knappertsbusch übernommen. Zeitungsberichten zufolge feierten ihn die Münchner schon vor Beginn der Vorstellung besonders herzlich; sie befürchteten seine Entlassung oder seinen Rücktritt, da es zwischen ihm und den nationalsozialistischen Machthabern zu große Differenzen gab. Ein Jahr später war es dann soweit, Knappertsbusch trat zunächst einen Krankheitsurlaub an und verließ dann die Münchner Oper ganz. (Foto: Holdt)

Gruppenbild der Künstler mit dem linientreuen Intendanten nach der Jubiläumsaufführung der Wagneroper »Tristan und Isolde« im Münchner Nationaltheater, 10. Juni 1935.
Die Festaufführung, bei der auch Hitler im Publikum saß, fand anläßlich des 70. Jahrestages der Welturaufführung dieser Wagneroper im Nationaltheater statt. Auf dem Foto sind zu sehen (von links): Julius Pölzer, der den Tristan gesungen hatte, Henny Trundt als Isolde, der Dirigent Wilhelm Furtwängler, der die musikalische Leitung des Abends übernommen hatte, der Generalintendant der Bayerischen Staatsbühnen Oskar Walleck in SS-Uniform und Ludwig Weber als König Marke. (Foto: Holdt)

Schlußvorhang nach der Uraufführung der Richard-Strauß-Oper »Capriccio« am Münchner Nationaltheater, 28. Oktober 1942, mit dem Komponisten und dem Opernintendanten Clemens Krauss.
Unter der Intendanz von Clemens Krauss zwischen 1936 und 1944 erreichte die Bayerische Staatsoper einen ihrer Höhepunkte an künstlerischer Qualität. Besonders befruchtend wirkte die Freundschaft zwischen dem Intendanten, der auch das Libretto zu »Capriccio« geschrieben hatte, und dem Münchner Komponisten Richard Strauß. Beide arrangierten sich mit den nationalsozialistischen Machthabern. (Foto: Holdt)

Ludwig-Ganghofer-Matinée im Volkstheater, November 1943. (Foto: Holdt)

O. E. Hasse und Heli Finkenzeller auf der Bühne der Münchner Kammerspiele bei der Aufführung des Lustspiels »Komtesse Guckerl« von Franz von Schönthan und Franz Koppell-Ellfeld, November 1934.
Die Münchner Kammerspiele unter der Leitung von Otto Falckenberg entzogen sich soweit als möglich der politischen Anpassung, indem sie harmlose Lustspiele oder klassische Dramen zur Aufführung brachten. (Foto: Valérien)

Alexander Golling als Richard III. in dem gleichnamigen Shakespeare-Drama, Oktober 1937 im Residenztheater.
Der Schauspieler war zugleich Leiter des Staatsschauspiels und förderte in dieser Position die Inszenierung von NS-Tendenzstücken. (Foto: Holdt)

Festzug »2000 Jahre Deutsche Kultur« anläßlich des Tages der Deutschen Kunst, 18. Juli 1937 in der Ludwigstraße.
Der große Festzug zur Eröffnung des Hauses der Deutschen Kunst sollte eine Abfolge der deutschen Kunstgeschichte von der germanischen Frühzeit über Romanik, Gotik, Renaissance, Barock, Klassik und Romantik bis hin zum neuen Zeitalter der NS-Kultur darstellen. Das Foto zeigt die allegorischen Figuren »Glaube und Treue«, die den Aufbruch in die »neue Zeit« symbolisierten.
(Foto: Huhle)

Einfallsreiche Schaulustige beim Festzug zum Tag der Deutschen Kunst, 18. Juli 1937. (Foto: Nortz)

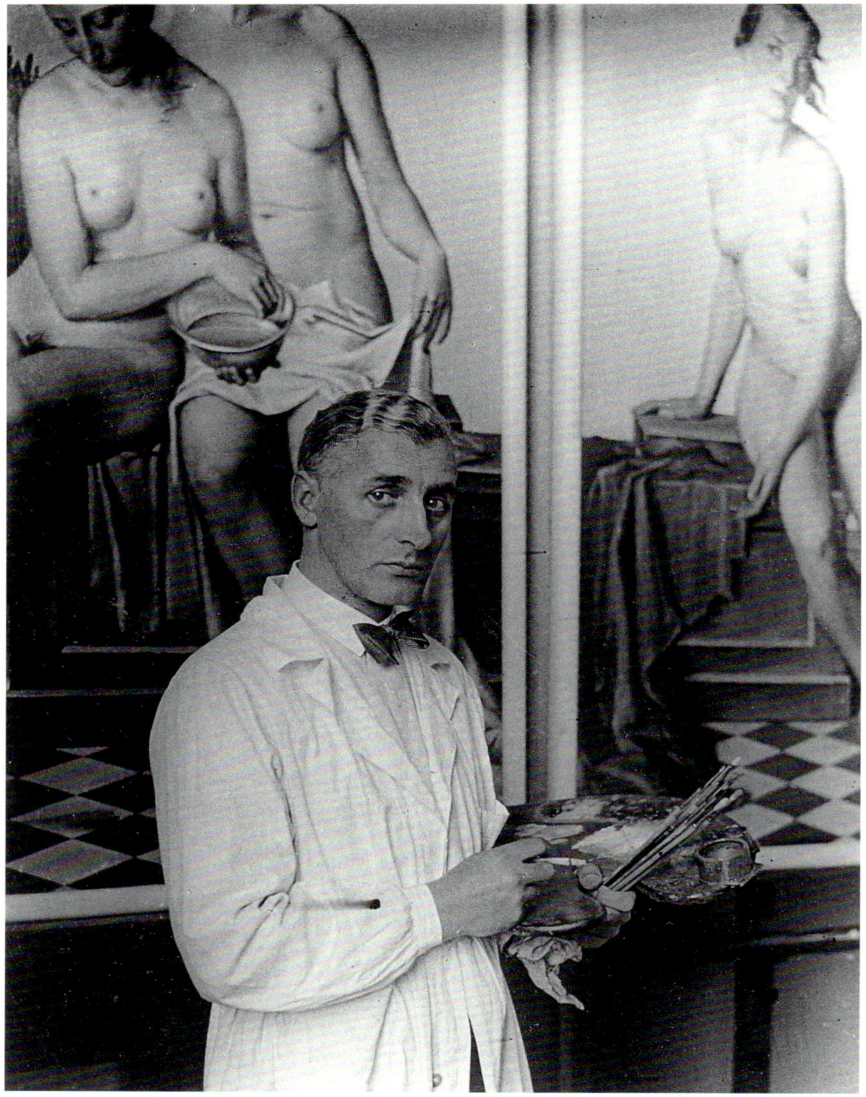

Professor Adolf Ziegler, Präsident der Reichskammer der Bildenden Künste, in seinem Atelier, 1936.
Das Triptychon »Die vier Elemente«, von dem Ausschnitte zu sehen sind, galt als eines der Glanzstücke in der Großen Deutschen Kunstausstellung 1937. (Foto: Huhle)

Der Bildhauer Kurt Schmid-Ehmen bei der Gestaltung des Mahnmals für die Feldherrnhalle, 1933. (Foto: Huhle)

Große Deutsche Kunstausstellung im Haus der Deutschen Kunst, Juli 1938. (Foto: Huhle)

Zuschauerandrang vor dem Eingang zur Ausstellung »Entartete Kunst«, Juli 1937.
Am Tag vor der Einweihung des Hauses der Deutschen Kunst wurde in der Hofgartengalerie die Ausstellung »Entartete Kunst« eröffnet. Die zur Schau gestellten Kunstwerke, durchwegs Werke der von den Nationalsozialisten diffamierten Moderne, waren zuvor in einem »Bildersturm« aus den Museen und Kunsthallen im ganzen Reich entfernt worden. (Foto: Huhle)

Holzkruzifix von Ludwig Gies in der Ausstellung »Entartete Kunst«.
Der Kommentar der Ausstellungsmacher auf dem Schild darunter lautete: »Dieses Schandwerk hing als Heldenehrenmal im Dom zu Lübeck.«
(Foto: Huhle)

Holzskulptur »Das Paar« von Ernst Ludwig Kirchner, die einst für das Museum für Kunst und Gewerbe in Hamburg gekauft worden war.
Im Hintergrund sind Besucher vor einer dicht mit Bildern behängten Wand zu sehen. Die Ausstellungsmacher schmälerten durch diese Präsentationsform tückisch die Wirkung, die von den einzelnen Bildern hätte ausgehen können.
(Foto: Nortz)

Karl Valentin und Liesl Karlstadt mit ihrem Stück »Der Umzug« auf der Bühne des Deutschen Theaters anläßlich der Varieté-Festspiele im Juli 1938.
Die Kunst und Ironie Karl Valentins wurden von den nationalsozialistischen Machthabern wenig beachtet. Man verhängte zwar kein Auftrittsverbot, das Publikumsinteresse an seinen Darbietungen sank jedoch im Lauf der Jahre deutlich. (Foto: Götz)

Fred Endrikat im »Alten Simpl« mit dem Markenzeichen für seine Auftritte, einem Adreßbuch, vor dem Publikum; undatierte Aufnahme.
Der »Alte Simpl« ist während der NS-Zeit als harmlose Kabarett-Kneipe weitergeführt worden.

Weiß Ferdl bei einem seiner zahlreichen Auftritte im Platzl, 1936.
Der bayerische Volkssänger verstand es, sich bei den Nationalsozialisten anzubiedern, und feierte große Erfolge.

Besucherandrang vor dem Ufa-Kino am Sendlinger-Tor-Platz, 1938.
Der Film »Menschen ohne Vaterland«, in dem die damaligen Publikumslieblinge Willy Birgel und Willy Fritsch mitspielten, handelte vom Leben der deutschen Volksgruppen im Baltikum.

Das Ende der »Hauptstadt der Bewegung«

Als am 1. September 1939 die Nachricht vom Beginn des Krieges gegen Polen die Runde machte, war auch die Münchner Bevölkerung im allgemeinen nicht überrascht. Die Hochkurbelung der Rüstungsproduktion, die expansionistische Außenpolitik der Hitler-Regierung, die schon in der Sudetenkrise die Kriegsängste hochgetrieben hatte, und auch die Einbeziehung eines potentiellen Kriegs in die Propaganda seit 1938 hatten allzu deutlich gemacht, worauf die Entwicklung zusteuerte. In den Sommermonaten 1939 lief in der Presse die Kampagne gegen Polen auf Hochtouren, systematisch wurde die Lüge vom »gerechten Krieg« ausgebaut. In den letzten Augusttagen 1939 wurden Truppen zusammengezogen, Luftschutzvorbereitungen getroffen, Lebensmittelkarten ausgegeben: Jetzt war offensichtlich, daß der Krieg vor der Tür stand. Als Hitlers Reichstagsrede am 1. September in den Radios übertragen wurde, konnte von Kriegsbegeisterung allerdings keine Rede sein. Kein Jubel, kein nationaler Enthusiasmus ging durch die Bevölkerung wie 1914; statt dessen herrschten ängstliche Ruhe und gedrückte Stimmung.

Schnell schlug diese ernste Stimmung durch die Blitzkriegserfolge Hitlers in der ersten Hälfte des Jahres 1940 um. Jetzt triumphierte wieder das Nationalgefühl, und die Angst wurde für das erste zurückgedrängt. Deutsche Truppen besetzten Dänemark, bezwangen Norwegen, eröffneten den Westfeldzug mit dem Einmarsch in Holland und Belgien und trieben diese Länder nach kurzer Zeit in die Kapitulation. Deutschland schien unbesiegbar zu sein: »Überall werden die Leistungen der deutschen Soldaten als geradezu unfaßlich bezeichnet«, berichtete der Sicherheitsdienst der SS am 20. Juni 1940 (Meldungen aus dem Reich, Bd. 4, S. 1274). Zu diesem Zeitpunkt waren das Vertrauen auf den »Führer« und der Glaube an Deutschlands Stärke auf einen neuen Höhepunkt gelangt. Am 17. Juni hatte auch die französische Regierung um Waffenstillstand nachgesucht; nach zwei Jahrzehnten Propaganda gegen die »Schmach von Versailles« sahen viele Deutsche darin den ersehnten Triumph.

Die ersten Bombenabwürfe, die in dieser Zeit auf München niedergingen, lösten noch keine größeren Ängste aus. Eher boten sie so etwas wie ein sehenswürdiges Schauspiel. Die Leute strömten am 5. Juni in Mengen herbei, um sich den Bombentrichter im Englischen Garten oder den Sprengbombeneinschlag an der Barer Straße zu beschauen. Noch hatte der eigentliche Luftkrieg in München nicht begonnen; nachdem auch im Herbst 1940 einige kleinere Angriffe registriert worden waren, trat erstmal für längere Zeit Ruhe ein. Der Krieg spielte sich unterdessen auf anderen Schauplätzen ab. 1940/41 fand die »Luftschlacht um England« statt, und englische Industriestädte waren dem Bombenhagel durch deutsche Flieger ausgesetzt. Erst seit dem Sommer 1942 wurde München Ziel massiver Luftangriffe der Royal Air Force, die die Bevölkerung zunächst nur nachts aufschreckten. Mit der weiteren Intensivierung des Bombenkriegs und den amerikanischen Fliegereinsätzen ertönten die Sirenen dann aber auch bei Tag.

Schon seit 1933 hatten propagandistisch begleitete Luftschutzübungen und Vorbereitungen für den Ernstfall zum nationalsozialistischen Alltag gehört. Sogar Kinder lernten mit der Volksgasmaske umzugehen, und im September 1938 wurden einige Schulklassen in München in speziellen Kursen auf Tätigkeiten als Luftschutzhelfer vorbereitet. Der Schutzraumbau kam in München nur schleppend voran, nicht zuletzt deshalb, weil es ständig an Material und Arbeitskräften fehlte. Die Unzulänglichkeiten auf diesem Gebiet veranlaßten sogar Hitler persönlich, an den Münchner Verhältnissen Kritik zu üben. Am 29. Juni 1943 schrieb der Leiter der Parteikanzlei, Martin Bormann, an Oberbürgermeister Fiehler: »Der Führer hat festgestellt, daß gerade in München die Vorbereitungen auf Luftangriffe völlig unzureichend sind; aus diesem Grunde habe ich im Auftrag des Führers den verantwortlichen Gauleiter und Reichsverteidigungskommissar darauf hingewiesen, beschleunigt müsse auch in München alles Erdenkliche zur Vorbereitung auf Fliegerangriffe geschehen.« (Bauer, Fliegeralarm S. 18.) Der zuständige Reichsverteidigungskommissar war Paul Giesler, der Bruder des mehrfach erwähnten Generalbaurats. Im Juni 1942 hatte er Adolf Wagner, der einen Schlaganfall erlitten hatte, im Amt des Gauleiters von München und Oberbayern abgelöst. Giesler, ein zynischer Durchhaltestratege, konnte angesichts der immer heftigeren und häufigeren Angriffe auf München letztlich auch nur die Evakuierung als wirksamste Schutzmaßnahme proklamieren. Zu Tausenden verließen die Münchner die Stadt – privat oder seit März 1943 aufgrund offizieller Evakuierungsmaßnahmen, zu denen auch die »erweiterte Kinderlandverschickung« gehörte. Die Evasion reduzierte Münchens Bevölkerung erheblich, nach Kriegsende zählte man nur noch 479 000 Einwohner in der Stadt, während es 1939 824 000 gewesen waren.

Gleichzeitig mit der massenweisen Evakuierung setzten auch die »Auflockerungserscheinungen in der Haltung der Bevölkerung« ein, die die Berichte des Sicherheitsdienstes der SS im ganzen Reich konstatierten (Meldungen aus dem Reich, Bd. 14, S. 5445.) Hatten die Blitzkriegserfolge 1940 dem Regime den Rücken gestärkt, trugen die Niederlagen an der Ostfront und in Nordafrika dazu bei, daß in der Tag und Nacht von Bombenangriffen geplagten Bevölkerung die Stimmung weiter sank. In München zeigten deutliche Proteste bei einer Ansprache Paul Gieslers zu Beginn des Jahres 1943, der in dreistester Form die Münchner Studentinnen diffamierte, daß die Partei jetzt auch mit offener Ablehnung rechnen mußte. Vor allem die verheerende deutsche Niederlage bei Stalingrad im Januar 1943 heizte wie ein Katalysator die Stimmung gegen das Regime an, Gerüchte über den Abfall bekannter Nazi-Größen vom »Führer« wurden kolportiert. Ein Bericht der Außenstelle des Sicherheitsdienstes in Kitzingen vom 9. August 1943 ist dafür exemplarisch: »Hartnäckig halten sich Gerüchte, die anscheinend durch Reisende, besonders aus München, importiert werden, daß es in der deutschen Führung krisle und tiefgehende Meinungsverschiedenheiten herrschten. Der Führer soll den Obersalzberg nicht mehr verlassen und häufig Anfälle bekommen, Göring sei zwar notgedrungen zurückgeholt worden, es sei aber doch ›etwas los gewesen‹, Dr. Goebbels habe auch durchgehen wollen, sei aber daran gehindert worden, die Münchener Studenten seien noch lange nicht ruhig, ihre Bewegung hätte in München viele Anhänger und man verlange dort ziemlich offen den Rücktritt der Regierung ...« (Bayern in der NS-Zeit, Bd. 1, S. 644f.) Der Bericht nimmt offensichtlich Bezug auf die studentische Widerstandsgruppe »Weiße Rose«, deren Aktionen mit der Verhaftung der Geschwister Scholl am 18. Februar 1943 und den folgenden Hinrichtungen ein so fürchterliches Ende fanden.

Doch trotz der berichteten Negativstimmung und einzelner Widerstandsaktionen wurde das über die Jahre fest in Deutschland verankerte, durch einen Terrorapparat geschützte Regime nicht von der eigenen Bevölkerung gestürzt. In einem nicht enden wollenden Krieg erkämpften die Alliierten mit unzähligen Opfern Schritt für Schritt den Sieg über die Nazi-Diktatur. Auch die Deutschen mußten teuer bezahlen für den Krieg. Verglichen mit den Verlusten, die Städte wie Köln, Hamburg oder Dresden erlitten haben, kam München noch relativ »glimpflich« davon. Trotzdem belief sich die Bilanz der über siebzig Luftangriffe zwischen Juni 1940 und April 1945 auf rund 6700 Tote und 15 800 Verwundete. Etwa 300 000 Menschen verloren ihr Obdach. Besonders verheerend wirkten sich die Bombardements zwischen dem 11. und 31. Juli 1944 aus, die allein rund 2000 Todesopfer forderten. Die Zerstörungen an Münchens Bauwerken waren zahllos. In einer einzigen Nacht – beim Angriff vom 25. April 1944 – wurden beispielsweise das Odeon, die Residenz, beide Pinakotheken, das Wittelsbacher Palais, das alte Rathaus und das Maximilianeum schwer getroffen, die Türme der Heiliggeist- und der Peterskirche gekappt, und unzählige weitere Gebäude erlitten Schäden. »München, das alte München als Inbegriff, hat in jener Schreckensnacht vom 24./25. April 1944 aufgehört zu bestehen«, schrieb Ludwig Rosenberger in sein Kriegstagebuch (S. 19).

Trotzdem dauerte es noch ein Jahr, bis der Krieg zu Ende war und man beginnen konnte, München wiederaufzubauen. Am 30. April 1945 marschierten die Amerikaner in der »Hauptstadt der Bewegung« ein. Die letzten Gefolgsleute Hitlers hatten ihre Posten zu diesem Zeitpunkt schon verlassen, so auch der Oberbürgermeister Karl Fiehler. An seiner Stelle übergab der städtische Oberrechtsrat Michael Meister den Amerikanern die Stadt.

Hitlerjungen bei der Besichtigung eines abgeschossenen feindlichen Flugzeugs, ausgestellt vor der Feldherrnhalle anläßlich der Rot-Kreuz-Sammlung am 22. Juni 1940.

Bombenschaden am Haus Kaiserstraße 19 nach dem Angriff vom 5. Juni 1940. Bei den nächtlichen Luftangriffen am 4. und 5. Juni 1940 entstanden die ersten Gebäudeschäden in München und Umgebung. Noch lockten diese Einzelfälle Neugierige und Schaulustige an; die bevorstehende Bedrohung der Zivilbevölkerung und das Ausmaß der künftigen Zerstörung ließen sich zu diesem Zeitpunkt noch nicht einschätzen. (Foto: Meyer)

Splitterschutzgraben entlang der Blumenstraße, September 1939.
Der Ausbau öffentlicher Luftschutzräume war bis zum Kriegsbeginn nur sehr schleppend vorangetrieben worden; den offenkundigen Mangel konnten solche notdürftigen Schutzmaßnahmen, wie sie die Splittergräben darstellten, nicht ausgleichen. (Foto: Meyer)

Rauchwolken von Bombeneinschlägen während der Juli-Angriffe 1944.
Im Juli 1944 flogen mehrere Tage hintereinander amerikanische Piloten Luftangriffe auf München und warfen ihre schwere Bombenfracht über der Stadt ab. Der Polizeipräsident bilanzierte die Schäden mit 1471 Todesopfern, 4525 Verletzten und ungefähr 200 000 Obdachlosen. Zahlreiche Baudenkmäler und Kulturstätten waren ganz oder teilweise zerstört worden. Die Aufnahme zeigt einen Blick vom Hochhaus an der Blumenstraße, auf dem Turmbeobachter der Feuerschutzpolizei stationiert waren, nach Nordwesten; zwischen den Rauchwolken sind (von rechts) der Justizpalast, der Turm der Kreuzkirche und der Kuppelbau des Verkehrsministeriums an der Arnulfstraße zu erkennen. (Foto: Krempl)

Gebäudetrakt des Schwabinger Krankenhauses und Häuser an der Herzogstraße nach dem englischen Luftangriff in der Nacht vom 9. zum 10. März 1943. (Fotos: Krempl, Nortz)

Trauerfeier für die Luftkriegsopfer im Nordfriedhof am 23. September 1942. Der Angriff vom 20. September 1942 hatte 149 Todesopfer gefordert. Gauleiter Paul Giesler hielt die Traueransprache. (Foto: Nortz)

Beerdigung des ehemaligen Gauleiters Adolf Wagner hinter den Ehrentempeln am Königsplatz, 17. April 1944.
Der ehemalige Gauleiter und bayerische Innenminister Adolf Wagner war schon 1942 nach einem Schlaganfall von seinen Ämtern zurückgetreten. Als besonders treuer Anhänger Hitlers und scharfmacherischer Demagoge der nationalsozialistischen Herrschaftsideologie und Rassenlehre erhielt er einen Ehrenplatz als Begräbnisstätte. An Führerbau und Ehrentempel sind Tarnnetze gegen die Luftangriffe angebracht.

Eine ausgebombte Frau bei der Bergung des übriggebliebenen spärlichen Hausrates, Juli 1944.

Hitlerjungen beim Feuerlöscheinsatz nach einem Luftangriff in der Ludwigstraße, undatierte Aufnahme.

Sammlung von Wintersachen für die Soldaten an der Ostfront in den Räumen der NSDAP-Ortsgruppe Wittelsbacherplatz, Juni 1944.
Eine Mitarbeiterin im Stab der NS-Frauenschaft registriert die eingegangenen Spenden. (Foto: Penz)

Zellensprechabend der NSDAP-Ortsgruppe Sendlinger-Tor-Platz, Februar 1944. (Foto: Penz)

Großkundgebung an der Feldherrnhalle, 14. November 1943.
Der sich in München aufhaltende Generalleutnant Dietl (Dritter von links) wurde mit dieser Veranstaltung als »Kriegsheld von Narvik« gefeiert. Die Ansprachen waren mit Durchhalteparolen, die sich an die von den Luftangriffen schon stark betroffene Münchner Bevölkerung richteten, verbunden. So rief Gauleiter Giesler (rechts neben Dietl) in die Zuhörerschaft: »Es gibt kein Zurück und gibt kein Paktieren, es gibt nur ein tapferes Vorwärts!«
(Foto: Meyer)

Eintragung in die Listen für den Volkssturm, November 1944.
Da Reichsregierung und Wehrmacht unter der Führung Hitlers nicht zur Kapitulation bereit waren, die Truppen der Alliierten jedoch immer näher rückten, wurden die bis dahin noch nicht eingezogenen Männer für den Volkssturm verpflichtet, der die Verteidigung der Stadt übernehmen sollte.
(Foto: Penz)

Gesprengter südlicher Ehrentempel Ecke Brienner-/Arcisstraße, Januar 1947. Die Denkmäler des Nationalsozialismus wurden nach Kriegsende, meist unter der Regie der amerikanischen Besatzungssoldaten, beseitigt. Hinter dem einstigen Ehrentempel ist auf der Aufnahme die Ruine des »Braunen Hauses« zu sehen, die später beseitigt wurde. Der Führerbau (am linken Bildrand angeschnitten) hat den Krieg dagegen fast unbeschädigt überdauert und beherbergt heute die Musikhochschule. (Foto: Francé)

Literatur und Bildnachweis

Ungedruckte Quellen

Bayerisches Hauptstaatsarchiv (Bay HStA), Bestände:
Ministerium des Äußeren (MA), Reichsstatthalter

Stadtarchiv München (StadtA Mü), Bestände:
Bürgermeister und Rat (BuR), Hochbauamt, Kulturamt, Personalakten, Planungsreferat, Ratssitzungsprotokolle, Stadtamt für Leibesübungen, Stadtchronik

Staatsarchiv München (StaatsA Mü), Bestände:
Gestapo, Landratsämter, NSDAP

Zeitungen

Herangezogen wurden, insbesondere für die Bildlegenden, die entsprechenden Jahrgänge folgender Zeitungen:

Münchner Neueste Nachrichten
Völkischer Beobachter (Münchener Ausgabe)
Münchener Zeitung
Neues Münchener Tageblatt

Albrecht, Dieter (Hrsg.): Katholische Kirche im Dritten Reich. Eine Aufsatzsammlung zum Verhältnis von Papsttum, Episkopat und deutschen Katholiken zum Nationalsozialismus 1933–1945, Mainz 1976

Auerbach, Hellmuth: Vom Trommler zum Führer. Hitler und das nationale Münchner Bürgertum, in: Mensing u. Prinz (Hrsg.): Irrlicht, S. 67–91

Barkai, Avraham: Das Wirtschaftssystem des Nationalsozialismus. Der historische und ideologische Hintergrund 1933–1936, Köln 1977

Bauer, Reinhard, Günther Gerstenberg u. Wolfgang Peschel (Hrsg.): Im Dunst aus Bier, Rauch und Volk. Arbeit und Leben in München von 1840 bis 1945. Ein Lesebuch, München 1989

Bauer, Richard: Fliegeralarm. Luftangriffe auf München 1940–1945, München 1987

Bauer, Richard (Hrsg.): Geschichte der Stadt München, München 1992

Behrend-Rosenfeld, Else: Ich stand nicht allein, 4. Aufl. München 1988

Bleistein, Roman: Rupert Mayer. Ein Mann der Wahrheit, Ostfildern 1991

Bleuel, Hans Peter u. Ernst Klinnert: Deutsche Studenten auf dem Weg ins Dritte Reich. Ideologien – Programme – Aktionen. 1918–1935, Gütersloh 1967

Boberach, Heinz (Hrsg.): Meldungen aus dem Reich 1938–1945. Die geheimen Lageberichte des Sicherheitsdienstes der SS, 17 Bde., Herrsching 1984

Bretschneider, Heike: Der Widerstand gegen den Nationalsozialismus in München 1933 bis 1945, München 1968

Breuer, Peter: Münchner Künstlerköpfe, München o. J. (1937)

Broszat, Martin: Der Staat Hitlers. Grundlegung und Entwicklung seiner inneren Verfassung, 11. Aufl. München 1986

Broszat, Martin: Grundzüge der gesellschaftlichen Verfassung des Dritten Reiches, in: ders. und Horst Möller (Hrsg.): Das Dritte Reich. Herrschaftsstruktur und Geschichte, München 1983, S. 38–63

Broszat, Martin: Referat, in: Alltagsgeschichte der NS-Zeit. Neue Perspektive oder Trivialisierung? Kolloquien des Instituts für Zeitgeschichte, München 1984, S. 11–20

Broszat, Martin: Was heißt Historisierung des Nationalsozialismus?, in: Historische Zeitschrift Bd. 247, 1988, S. 1–14

Broszat, Martin u. a. (Hrsg.): Bayern in der NS-Zeit, 6 Bde., München/Wien 1977–1988

Buchholz, Wolfhard: Die nationalsozialistische Gemeinschaft »Kraft durch Freude«. Freizeitgestaltung und Arbeiterschaft im Dritten Reich, Diss. München 1976

Bühler, Anne Lore: Der Kirchenkampf im evangelischen München. Die Auseinandersetzung mit dem Nationalsozialismus und seinen Folgeerscheinungen im Bereich des Evang.-Luth. Dekanates München 1923–1950, Nürnberg 1974

Cahnmann, Werner: Die Juden in München 1918–1943, in: Zeitschrift für bayerische Landesgeschichte Bd. 42, 1979, S. 403–461

Das Braune Band von Deutschland im Olympia-Jahr, München-Riem 1936

Denzler, Georg: »Ein Gebetssturm für den Führer«. Münchens Katholizismus und der Nationalsozialismus, in: Mensing u. Prinz (Hrsg.): Irrlicht, S. 124–153

Deutschland-Berichte der Sozialdemokratischen Partei Deutschlands (Sopade), 1934–1940, 6. Aufl. Salzhausen/Frankfurt a. M. 1982

Domarus, Max: Hitler. Reden und Proklamationen 1932–1945. Kommentiert von einem deutschen Zeitgenossen, 2 Bde., Würzburg 1962/63

Dresler, Adolf: Das Braune Haus und die Verwaltungsgebäude der Reichsleitung der NSDAP in München, 2. Aufl. München 1937

Erker, Paul: Ernährungskrise und Nachkriegsgesellschaft, Stuttgart 1990

Euler, Friederike: Theater zwischen Anpassung und Widerstand. Die Münchner Kammerspiele im Dritten Reich, in: Bayern in der NS-Zeit, Bd. 2, S. 91–173

Fiehler, Karl: München baut auf. Ein Tatsachen- und Bildbericht über den nationalsozialistischen Aufbau in der Hauptstadt der Bewegung, München o. J. (1937)

Frei, Norbert u. Johannes Schmitz: Journalismus im Dritten Reich, 2. Aufl. München 1989

Frese, Matthias: Betriebspolitik im »Dritten Reich». Deutsche Arbeitsfront, Unternehmer und Staatsbürokratie in der westdeutschen Großindustrie 1933–1939, Paderborn 1991

Friemert, Chup: Produktionsästhetik im Faschismus. Das Amt »Schönheit der Arbeit« von 1933 bis 1939, München 1980

Giesler, Hermann: Ein anderer Hitler. Bericht seines Architekten Hermann Giesler. Erlebnisse – Gespräche – Reflexionen, Leoni 1977

Gotto, Klaus u. Konrad Repgen (Hrsg.): Die Katholiken und das Dritte Reich, 3. Aufl. Mainz 1990

Gritschneder, Otto: Bewährungsfrist für den Terroristen Adolf H. Der Hitler-Putsch und die bayerische Justiz, München 1990

Gritschneder, Otto: Kardinal Michael von Faulhaber zwischen Widerstand und Anpassung, o. O., o. J. (München 1979)

Grube, Frank u. Gerhard Richter: Alltag im Dritten Reich. So lebten die Deutschen 1933–1945, Hamburg 1982

Hachtmann, Rüdiger: Industriearbeit im Dritten Reich. Untersuchungen zu den Lohn- und Arbeitsbedingungen in Deutschland 1933–1945, Göttingen 1989

Hanke, Peter: Zur Geschichte der Juden in München zwischen 1933 und 1945, München 1967

Hanko, Helmut: Kommunalpolitik in der »Hauptstadt der Bewegung« 1933–1935. Zwischen »revolutionärer« Umgestaltung und Verwaltungskontinuität, in: Bayern in der NS-Zeit, Bd. 3, S. 329–441

Hanko, Helmut: Öffentlicher Mäzen oder Kunstverwalter? Kulturförderung als Element und Instrument der Münchner Kommunalpolitik im 20. Jahrhundert, in: Ferdinand Seibt (Hrsg. im Auftrag des Collegium Carolinum): Gesellschaftsgeschichte. Festschrift für Karl Bosl zum 80. Geburtstag, München 1988, S. 366–385

Hansen, Eckhard: Wohlfahrtspolitik im NS-Staat. Motivationen, Konflikte und Machtstrukturen im »Sozialismus der Tat« des Dritten Reiches, Augsburg 1991

Harles, Michael: Große Spießer-Revue unterm Hakenkreuz, in: Süddeutsche Zeitung Nr. 208, 11. September 1989, S. 15

Helmberger, Peter: Die wechselvolle Geschichte des Wittelsbacher-Palais, in: Münchner Stadtanzeiger, 25. Juni 1992, S. 18

Henn, Ursula: Die Mustersiedlung Ramersdorf in München. Ein Siedlungskonzept zwischen Tradition und Moderne, München 1987

Henning, Hansjoachim: Kraftfahrzeugindustrie und Autobahnbau in der Wirtschaftspolitik des Nationalsozialismus 1933 bis 1936, in: Vierteljahrschrift für Sozial- und Wirtschaftsgeschichte Bd. 65, 1978, S. 217–242

Herz, Rudolf u. Brigitte Bruns: Hof-Atelier Elvira 1887–1928. Ästheten, Emanzen, Aristokraten, Ausstellungskatalog des Fotomuseums im Münchner Stadtmuseum, München 1985

Herz, Rudolf u. Dirk Halfbrodt: Fotografie und Revolution. München 1918/19, Berlin 1988

Heusler, Andreas: Zwangsarbeit in der Münchner Kriegswirtschaft 1939–1945, München 1991.

Hoch, Anton u. Lothar Gruchmann: Georg Elser: Der Attentäter aus dem Volke. Der Anschlag auf Hitler im Münchner Bürgerbräu 1939, Frankfurt 1980

Hoegner, Wilhelm: Flucht vor Hitler. Erinnerungen an die Kapitulation der ersten deutschen Republik 1933, Frankfurt a. M./Berlin 1989

Jahnke, Karl Heinz u. Michael Buddrus: Deutsche Jugend 1933–1945. Eine Dokumentation, Hamburg 1989

Joachimsthaler, A.: Korrektur einer Biographie. Adolf Hitler 1908–1920, München 1989

Joch, Winfried: Sport und Leibeserziehung im Dritten Reich, in: Horst Ueberhorst (Hrsg.): Geschichte der Leibesübungen, Bd. 3/2: Leibesübungen und Sport in Deutschland vom Ersten Weltkrieg bis zur Gegenwart, Berlin u. a. 1982, S. 701–742

Kerbs, Diethart, Walter Uka u. Brigitte Walz-Richter (Hrsg.): Die Gleichschaltung der Bilder. Zur Geschichte der Pressefotografie 1930–36, Berlin 1986.

Kershaw, Ian: Antisemitismus und Volksmeinung, in: Bayern in der NS-Zeit, Bd. 2, S. 281–348

Kershaw, Ian: Der NS-Staat. Geschichtsinterpretationen und Kontroversen im Überblick, Reinbek b. Hamburg 1988

Kieser, Klaus: Das Gärtnerplatztheater in München 1932–1944. Zur Operette im Nationalsozialismus, Frankfurt a. M./Bern u. a. 1991

Kimmel, Günther: Das Konzentrationslager Dachau, in: Bayern in der NS-Zeit, Bd. 2, S. 349–413

Kirchberger, Günther: Die »Weiße Rose«. Studentischer Widerstand gegen Hitler in München, München 1980

Klenner, Jochen: Verhältnis von Partei und Staat 1933–1945. Dargestellt am Beispiel Bayerns, München 1974

Klinksiek, Dorothee: Die Frau im NS-Staat, Stuttgart 1982

Klönne, Arno: Jugend im Dritten Reich. Die Hitlerjugend und ihre Gegner. Dokumente und Analysen, München 1982

Koch, Hannsjoachim W.: Geschichte der Hitlerjugend. Ihre Ursprünge und ihre Entwicklung 1922–1945, Percha 1979

Konzentrationslager Dachau 1933–1945, Katalog des Comité International de Dachau, 8. Aufl. München 1978

Kranig, Andreas: Lockung und Zwang. Zur Arbeitsverfassung im Dritten Reich, Stuttgart 1983

Krauss, Marita u. Bernhard Grau (Hrsg.): Die Zeichen der Zeit. Alltag in München 1933–1945, Berlin 1991

Landeshauptstadt München (Hrsg.): 175 Jahre Oktoberfest 1810–1975, zusammengestellt von Richard Bauer u. Fritz Fenzl, München 1985

Landeshauptstadt München (Hrsg.): Verdunkeltes München. Lesebuch zur Geschichte des Münchner Alltags. Geschichtswettbewerb 1985/86: Die nationalsozialistische Gewaltherrschaft, ihr Ende und ihre Folgen, Buchendorf 1987

Longerich, Peter: Die braunen Bataillone. Geschichte der SA, München 1989

Luther, Carl J.: Münchener Sport und Eigenart, in: München, die Kunststadt des Neuen Reiches, Beilage zu Das Bayerland, 45. Jg., 1934, S. 641–644

Matzerath, Horst: Nationalsozialismus und kommunale Selbstverwaltung, Stuttgart u. a. 1970

Mason, Timothy W.: Arbeiterklasse und Volksgemeinschaft. Dokumente und Materialien zur deutschen Arbeiterpolitik 1936–1939, Opladen 1975

Megele, Max: Baugeschichtlicher Atlas der Landeshauptstadt München, München 1951

Mensing, Björn: »Hitler hat eine göttliche Sendung«. Münchens Protestantismus und der Nationalsozialismus, in: Mensing u. Prinz (Hrsg.): Irrlicht, S. 92–123

Mensing, Björn u. Friedrich Prinz (Hrsg.): Irrlicht im leuchtenden München? Der Nationalsozialismus in der »Hauptstadt der Bewegung«, Regensburg 1991

Mommsen, Hans u. Dieter Obst: Die Reaktion der deutschen Bevölkerung auf die Verfolgung der Juden 1933–1943, in: ders. u. Susanne Willems (Hrsg.): Herrschaftsalltag im Dritten Reich. Studien und Texte, Düsseldorf 1988, S. 374–485

Moser, Carl-Heinz: Wie der reichste Rennverein Deutschlands unter die Hufe kam, in: Münchner Merkur Nr. 30, 5. Februar 1980, S. 3

Mosse, George L.: Der nationalsozialistische Alltag. So lebte man unter Hitler, Königstein/Ts. 1978

München im Olympiasommer 1936. 500 Jahre Münchener Pferderennen

Münchener Fasching im Olympiawinter 1936

Münchner Theaterzettel 1807–1982. Altes Residenztheater, Nationaltheater, Prinzregenten-Theater, Odeon, ausgewählt von Klaus Schultz, München u. a. 1982

Organisationsbuch der NSDAP, München 1938

Peltz-Dreckmann, Ute: Nationalsozialistischer Siedlungsbau. Versuch einer Analyse der die Siedlungspolitik bestimmenden Faktoren am Beispiel des Nationalsozialismus, München 1978

Petry, Christian: Studenten aufs Schafott. Die Weiße Rose und ihr Scheitern, München 1968

Petzet, Wolfgang: Theater. Die Münchner Kammerspiele 1911–1972, München 1973

Peukert, Detlev: Volksgenossen und Gemeinschaftsfremde. Anpassung, Ausmerze und Aufbegehren unter dem Nationalsozialismus, Köln 1982

Peukert, Detlev u. Jürgen Reulecke (Hrsg.): Die Reihen fast geschlossen. Beiträge zur Geschichte des Alltags unterm Nationalsozialismus (unter Mitarb. v. Adelheid Gräfin zu Castell-Rüdenhausen), Wuppertal 1981

Preis, Kurt: München unterm Hakenkreuz. 1933–1945, Neuauflage München 1989

Proebst, Hermann u. Karl Ude: Denk ich an München. Ein Buch der Erinnerungen, München 1966

Rasp, Hans-Peter: Eine Stadt für tausend Jahre. München – Bauten und Projekte für die Hauptstadt der Bewegung, München 1981

Richardi, Hans-Günter: Bomber über München. Der Luftkrieg von 1939–1945 dargestellt am Beispiel der Hauptstadt der Bewegung, München 1992

Richardi, Hans-Günter: Hitler und seine Hintermänner. Neue Fakten zur Frühgeschichte der NSDAP, München 1991

Richardi, Hans-Günter: Schule der Gewalt. Die Anfänge des Konzentrationslagers Dachau 1933–1934. Ein dokumentarischer Bericht, München 1983

Rosenberger, Ludwig: Münchner Kriegstagebuch, München o. J.

Roth, Hermann: Der unsterbliche Fasching, in: Das Bayerland, 49. Jg., 1938, S. 1–6

Ruhl, Klaus-Jörg: Brauner Alltag. 1933–1939 in Deutschland, Düsseldorf 1981

Saldern, Adelheid von: Mittelstand im »Dritten Reich«. Handwerker – Einzelhändler – Bauern, 2. Aufl. Frankfurt a. M./New York 1985

Schirach, Baldur von: Die Hitler-Jugend. Idee und Gestalt, Leipzig 1934

Schmidt, Paul: Statist auf diplomatischer Bühne 1923–1945. Erlebnisse des Chefdolmetschers im Auswärtigen Amt mit den Staatsmännern Europas, Bonn 1949

Schoenbaum, David: Die braune Revolution. Eine Sozialgeschichte des Dritten Reiches, Köln/Berlin 1968

Schuster, Peter-Klaus: Die »Kunststadt« München 1937. Nationalsozialismus und »Entartete Kunst«, München 1987

Schwaiger, Georg (Hrsg.): Das Erzbistum München und Freising in der Zeit der nationalsozialistischen Herrschaft, 2. Bde., München/Zürich 1984

Seidel, Klaus Jürgen (Hrsg.): Das Prinzregenten-Theater in München, Nürnberg 1984

Selig, Wolfram (Bearb.): Chronik der Stadt München 1945–1948, München 1980

Selig, Wolfram: Richard Seligmann. Ein jüdisches Schicksal. Zur Geschichte der Judenverfolgung in München während des Dritten Reiches, München 1983

Selig, Wolfram (Hrsg.): Synagogen und jüdische Friedhöfe in München, München 1988

Sieber, Josef: Bevölkerungsaufbau und Sozialstruktur Münchener Siedlungen, München 1941

Siegel, Tilla: Leistung und Lohn in der nationalsozialistischen »Ordnung der Arbeit«, Opladen 1989

Simplicissimus. Eine satirische Zeitschrift. München 1896–1944. Ausstellungskatalog, München 1977

Sonnenberger, Franz: Der neue »Kulturkampf«. Die Gemeinschaftsschule und ihre historischen Voraussetzungen, in: Bayern in der NS-Zeit, Bd. 3, S. 235–327

Statistisches Handbuch der Hauptstadt der Bewegung für die Jahre 1927 bis 1937. Im Auftrag des Oberbürgermeisters der Hauptstadt der Bewegung, Reichsleiter Karl Fiehler, bearb. und hrsg. vom Hauptverwaltungsamt und Statistischen Amt, München 1938

Steinborn, Peter: Grundlagen und Grundzüge Münchener Kommunalpolitik in den Jahren der Weimarer Republik. Zur Geschichte der bayerischen Landeshauptstadt im 20. Jahrhundert, München 1968

Steinert, Marlies G.: Hitlers Krieg und die Deutschen. Stimmung und Haltung der deutschen Bevölkerung im Zweiten Weltkrieg, Düsseldorf/Wien 1970

Stölzl, Christoph (Hrsg. im Auftrag des Stadtmuseums): Die Zwanziger Jahre in München, Ausstellungskatalog, München 1979

Tenfelde, Klaus: Schwierigkeiten mit dem Alltag, in: Geschichte und Gesellschaft, Bd. 10, 1984, S. 376–394

Toussaint, Angela: Der Münchner Hauptbahnhof. Stationen seiner Geschichte, Dachau 1991

Uhlig, Heinrich: Die Warenhäuser im Dritten Reich, Köln/Opladen 1956

Verwaltungsbericht der Hauptstadt der Bewegung München. 1933/34–1935/36 (im Auftrag des Oberbürgermeisters bearb. und hg. vom Statistischen Amt der Hauptstadt der Bewegung), München o. J. (1938)

Verwaltungsbericht der Hauptstadt der Bewegung für die Rechnungsjahre 1936 und 1937 (im Auftrag des Oberbürgermeisters der Hauptstadt der Bewegung, Reichsleiter Karl Fiehler, bearb. und hg. vom Hauptverwaltungsamt und Statistischen Amt), München 1939

Voges, Michael: Klassenkampf in der ›Betriebsgemeinschaft‹. Die ›Deutschland-Berichte‹ der Sopade (1934–1940) als Quelle zum Widerstand der Industriearbeiter im Dritten Reich, in: Archiv für Sozialgeschichte, Bd. 21, 1981, S. 329–383

Vorländer, Herwart: NS-Volkswohlfahrt und Winterhilfswerk des Deutschen Volkes, in: Viertelsjahrshefte für Zeitgeschichte, Bd. 34, 1986, S. 341–380

Wagner, Hans: 200 Jahre Münchner Theaterchronik 1750–1950. Theatergründungen, Ur- und Erstaufführungen, berühmte Gastspiele und andere Ereignisse und Kuriosa aus dem Bühnenleben, München 1958

Widerstand und Verfolgung in Bayern 1933–1945. Hilfsmittel im Auftrag des Bayerischen Staatsministeriums für Unterricht und Kultus hg. von der Generaldirektion der Staatlichen Archive Bayerns; Archivinventare, München 1975 ff.

Winkler, Dörte: Frauenarbeit im »Dritten Reich«, Hamburg 1977

Zentner, Christian u. Friedemann Bedürftig (Hrsg.): Das große Lexikon des Dritten Reiches, München 1985

Wistrich, Robert: Wer war wer im Dritten Reich. Ein biographisches Lexikon. Anhänger, Mitläufer, Gegner aus Politik, Wirtschaft, Militär, Kunst und Wissenschaft (überarbeitet und erweitert von Hermann Weiß), Frankfurt a. M. 1987

Zollitsch, Wolfgang: Arbeiter zwischen Weltwirtschaftskrise und Nationalsozialismus. Ein Beitrag zur Sozialgeschichte der Jahre 1928 bis 1936, Göttingen 1990

Bildnachweis

Deutsches Theatermuseum, Nachlaß Holdt: S. 226, 227 (beide), 229 (r.)
Fotomuseum im Münchner Stadtmuseum, Kester-Archiv: S. 214
Deutsches Museum: S. 188
Geschwister-Scholl-Archiv: S. 73 (u.)
IHK-Wirtschaftsarchiv für München und Oberbayern: S. 166
Archiv der KZ-Gedenkstätte Dachau: S. 139, 160, 161
Archiv der Gedenkstätte Yad Vashem in Jerusalem: S. 138
Pater-Rupert-Mayer-Archiv der Michaeliskirche: S. 212
Landeskirchliches Archiv Nürnberg: S. 217 (u.)
Autobahndirektion Südbayern: S. 173
Süddeutscher Verlag Bilderdienst: S. 18 (l.), 19, 115 (o.), 206, 237 (beide), 247, 248, 249
Presseillustration H. R. Hoffmann: S. 38, 39, 131, 221 (r.)
Bayerische Motoren Werke: S. 178
Deutsche Bundesbahn, Ausbesserungswerk Freimann: S. 100, 179
Werksarchiv Krauss-Maffei: S. 176
Privatbesitz: S. 83 (r. oben), 94
Alle anderen Bilder nach Vorlagen des Stadtarchivs München, Historisches Bildarchiv.